自在独行

王秋璎 著

华龄出版社
HUALING PRESS

有 态 度 的 阅 读

小马过河(天津)文化传播有限公司

这本小书献给我的爱人。
他和我一样，深爱着音乐。

任重 李梦 马条 韩松落 柏邦妮　联袂推荐

———

任重（演员）　我认识的秋璎，是个修改起剧本来较真且鞭辟入里的编剧。但是，在这本书中，我读到了不一样的她——这是一个对生活保持着高度敏感和热情的观察者。对于人、人生百态，她见微知著。不论是面对创作还是生活，她都直率且坦诚。这本书是她对人物和生活的深刻观察，也是一颗柔软的内心在向外释放能量。

———

李梦（演员）　秋璎记录了艺术的多种样态，关于青春、梦想与自由，不仅有隐没台后的词人，还有聚光灯下的歌者。我从她的书里，听见独立音乐自在生长的声音，看到早已被我们遗忘的青春，忆起那些轻狂又美好的旧时光。

———

韩松落（作家）　对于这些构成我们精神源流的歌手们，他们的歌阻挡了我们进一步了解他们。我们知道他们的歌，不知道他们的生活，秋璎以细腻的笔触和观察让我们知道；我们知道他们的往事，不知道他们的今天，秋璎带我们进入他们的秘密花园。他们没有遍体荒芜，他们有歌可栖。这一番观照，就是世间最大的情义。

———

马条（民谣歌手）

———

柏邦妮（编剧、作家）

如果没有音乐,生活就是一个错误。

——尼采

目　录

　　Ⅰ/　自序　浪子归乡

第一辑　微小相见

003 / 赵　雷　　也无风雨也无晴

031 / 程　璧　　人要过美好公正的生活

059 / 马　条　　越过那道封锁线

083 / 尹　吾　　我不相信

109 / 南无乐队　摇滚中有禅

121 / 苏　阳　　聆听土地的声音

137 / 张浅潜　　完美地保留了自我就像河水

155 / 唐映枫　　想象一朵未来的玫瑰

177 / 陈楚生　　十年一觉音乐梦

第二辑　**自在独行**

203 /　罗大佑　　当年离家的年轻人
219 /　窦　唯　　幸福在哪里？
229 /　朴　树　　一棵脆弱的树

附录　一些小文

247 / 仍是异乡人

257 / 我们的时光

261 / 爱人同志

273 / 寂寞的游戏

277 / 后记　创作的"功利心"

我哪儿也不想去了,我想回家。

——鲍勃·迪伦

自序　　　　　　　　　　　　　　　　浪子归乡

2022年10月，我无意间点开了音乐传记纪录片《没有方向的家》，由马丁·斯科塞斯执导，主人公是鲍勃·迪伦。影片开头，迪伦对着镜头说："我出生的地方离我最终想去的地方很远，可惜我不记得那个地方在哪里了，所以我这一辈子一直在寻找那个属于我的家。"影片末尾，迪伦被无休止的巡演折磨到筋疲力尽后，他面露疲态道："我哪儿也不想去了。我想回家。"

那阵子，我一直在重看老电影，像《牯岭街少年杀人事件》《一一》《婚姻生活》《剪刀手爱德华》《卧虎藏龙》等。迪伦的话让我联想到《一一》中的男主人公简南俊，中年危机来临，面对家庭、事业、人生带来的种种困惑与冲击，他选择戴上耳机、闭上眼睛沉浸在鲍勃·迪伦的音乐里，暂时远离真实生活，去寻找另一个世界。绕了一大圈，他最终还是回到发妻敏敏身边，说："你不在的时候，我有个机会去过了一段年轻时候的日子，本来以为我再活一次的话也许会有什么不一样，结果还是差不多，没什么不同。只是突然觉得，再活一次的话，好像真的没那个必要。"

寻找和回归是艺术永恒的主题，或者说，是人类永恒的主题。张玮玮"一手拿着苹果，一手拿着命运"寻找自己的香，北岛说"远行与回归，而回归的路更长"，《诗经》中有"式微，式微，胡不归"，屈原呼唤着"魂兮归来"。可见，拥有避世情结的人总在呼唤内心回归。

费里尼说，音乐是残酷的，让人饱尝了乡愁与悔憾。一曲终了，人总不知乐音何去，只知那是个不可乞求之地，顿时，更觉悲哀。而我觉得，对我这样的"浪子"而言，音乐才是那个原乡。浪子总要归乡。若不是乐声依旧，唯恐我们这些迷途的羔羊会忘记自己的来处。

《少年派的奇幻漂流》上映时，李安在访谈中讲："没有一个真心诚意的交流，生活是很空虚的。人生是荒谬的，而深层交流不能明讲，只有靠艺术，靠电影，靠这些虚幻的东西、假设的东西，在里面交流，你才会感觉没有那么孤单，没有那么无助。"

音乐承载着我心中那股时刻想要咆哮的欲望，某种程度上消解了内心的孤独和无助。外部世界越是岌岌可危，我越能从音乐中汲取能量。

我是因为音乐而走上写作道路的。音乐对我而言如此重要。德国作曲家霍夫曼曾说:"语言停止的地方,便是音乐的开始。"比起文字,我似乎更信任乐声。很多时候,我甚至无法将音乐、写作、生活这三者分开讨论。音乐品位对一个写作者相当重要,音乐也是我在写作上最好的老师,我从音乐那儿学到了该如何去写作。如村上春树所言,一段音乐中,最重要的要素是节奏,文章如果少了节奏,同样没人想读。写作时,文章会在我脑海中自动转化为声音,声音可以架构出节奏,每写一小段,都是一段主题乐章的即兴演奏。

我曾为各大媒体撰写音乐专栏,大多保持着一周更新两次的频率。朴树、罗大佑、窦唯、赵传、张楚、万能青年旅店、许巍、新裤子、五条人、周云蓬、左小祖咒、小河、好妹妹、陈粒、尧十三、张靓颖、梁博……截至目前,这些文字已累积到千万上亿的阅读量。

这些专栏是《自在独行》的起点。书内所呈现的是12位音乐人的故事。我所从事的职业与他们不同,我们彼此的人生境遇也不同,但放到生命这个大坐标里,却又总能彼此互为参照。在这些碰撞和对话中,我试图窥见一些事物的真实样貌:音乐,人,人生,我们所生活的世界。

《自在独行》的书名原本叫作《微小相见》,它来源于魔岩三杰之一的张楚在2015年举办的一场巡回演唱会的广告语:"睁开城市的双眼,微小的距离要相见。"听一个音乐人的作品,以及与他短暂交会的过程,也被我视作一次"微小相见"。那些情感上的共鸣、心灵上的相通都是细小微妙的,一不小心就成了永恒。

吸引出版人签下这本书的则是12位音乐人独立自在的精神。作为音乐中的独行者,他们潇洒从容,游走于广阔天地中,歌唱内心的安宁与自在。

最终,我们采取折中方案,将全书分为上下两辑。上辑"微小相见"是我与赵雷、程璧、马条、尹吾、张浅潜、唐映枫、陈楚生、苏阳、南无乐队9位音乐人的深度对话,下辑"自在独行"收录了我对罗大佑、窦唯、朴树3位音乐人的侧写,附录则是几篇与音乐有关的随笔。

作曲家金培达认为,我们在一个人的内心转动,倾听他,听到的其实是音乐。我倾听他们、写下他们,其实也是在梳理我自己,是他们让我知道自己心里"仍有一只搞不定的老虎,像野兽一样充满野性"。我想我和他们一样,坚硬的肉身虽在世间被摔打得血肉模糊,但总有一块柔软的肚皮是留给音乐的。只要有音乐,就不会有世界末日。

感谢我的爱人,他始终是我的第一个读者,多亏他的盲目信任和鼓励,我得以坚持写作至今。这本书是一个全新的开始,某种意义上也是对过去所做的一个告别。

最后,感谢我的出版人时雨老师,感谢他给予我的耐心、等待与支持,是他托住了一位青年写作者,如果没有他,不会有你们今天看到的这些文字。

祝福每一位读到这本书的人平安、健康、快乐！美国学者刘易斯·海德说："礼物只有在不断传递之中才能展现自己的价值。"现在，我将音乐当作礼物传递给你们，相信终有一日我们会在音乐的世界里团圆，也相信这份礼物不会就此停在你们的手中。

王秋璎

2022 年 12 月 22 日于北京

第一辑　微小相见

赵雷

也无风雨也无晴

1

赵雷是渴望被人认识的。他深知名气能为一个原创型歌手带来诸多好处和便利。但没过多大会儿，他就把"成名"这事想明白了：老重复一种模式，一站上舞台就知道自己下一首歌唱什么、怎么唱，要站在哪个位置，四肢该怎么摆，如何与听众互动，实在让人受不了。

2017年5月，距离《歌手》播出已三月有余。在巡演的沈阳站，赵雷迫切地打算结束这一切。演出后的感谢环节，他忍不住爆粗口："特别想跟他们（主办方）说一句Fuck！还要感谢什么他妈的，唉！这样的模式，我想我不会重复了。这可能是最后一次。这样做下去，我想应该很多歌手就作废了！我真的不是为了赚钱，如果有一天我做得不开心，即使给我再多钱，我也不会再做这件事了！"

"快废了"这个念头是在《歌手》舞台上唱完《成都》后产生的。第三期节目中，赵雷作为补位歌手先后打败林忆莲、迪玛希、杜丽莎突围成功后，就成为音乐节主办方心中的"香饽饽"。在纷繁的邀约下，他开始作为压轴演出人选四处唱《成都》。音乐节草坪、万人体育场、大会堂……最疯狂的时候，近四万人山呼海啸般的欢呼声萦绕在耳边，完全淹没掉他那句本就卡在嗓子眼里的"和我在成都的街头走一走，直到所有的灯都熄灭了也不停留"。

没人关心，赵雷是否期待这种生活。

在独立音乐圈，最先向主流媒体靠拢的应该是麻油叶。2013年，在《快乐男声》中，左立翻唱了一首《董小姐》。两年后，张磊在《中国好声音》上翻唱了马頔的《南山南》。

又是两年过去，轮到赵雷自己上场，他无所适从。

赵雷试着让自己轻盈一点儿。最开始录制时，他还跟现场导演开玩笑："如果我被淘汰了要哭吗？"实在问多了，他就直接"摊牌"："其实我没想那么多，就是想让自己看起来帅帅的，然后把歌唱好，让我家老头子开心。"

对湖南卫视的观众而言，赵雷并不陌生。2010年8月，在《快乐男声》的舞台上，他凭借《雪人》《南方姑娘》《画》等原创歌曲从广州赛区的海选一路"杀"到湖南的总决赛。那时，这种"不适应"的感觉就初露端倪。一次，导演要求赵雷录制一段开场舞表演，勉强跳完一遍后，他实在受不了，偷偷溜掉。"20进12"是赵雷在舞台上的最后一次亮相，他穿着白衬衫翻唱了一首张玮玮的《米店》。离开舞台时，他又重复了一遍最初登上舞台时说的那句话："有些人选择唱歌，有些人必须唱歌，我就是那个必须唱歌的人。"

2

北京市房山区有一座名为窑上村的村庄，"成村于清代，乾隆年间修金门闸时于该地建五座窑烧砖，迁民供役，后成村落，因称窑上"。村子往东一千米，可至永定河，往南二千米，为五间房。村前有一条窑上路，1986年盛夏，赵雷出生在这里，母亲是34岁高龄产妇，父亲经营着一间小卖部。

赵雷的母亲叫敏子，自六岁起，他也只唤她"敏子"。父亲老赵始终觉得这样实在太没大没小，但万般无奈，始终抵不过敏子自己的一句"我乐意"。

上学时，赵雷爱踢足球，穿英格兰队球服，每次踢完球，就把弄脏的球服带回家甩给敏子洗。有一回，他穿着球服去踢球，发现别人的球服都很白，而自己的早就泛黄了。他不解，跑回家问老赵，才知道原来别人的球服都是用洗衣机洗的，自己的是敏子用双手一点点给搓干净的。

张爱玲说，世上母亲大抵都相同，最关心子女吃食，而且母亲们都有个通病，只要你说了哪样菜好吃，她们就频繁地煮那道菜，直到你厌烦地埋怨了为止。有敏子在的地方，就一定有厨房，家里各个角落都是敏子的厨房。手擀面、宫保鸡丁、牛羊肉馅的饺子……每回，乐队成员美其名曰要来家排练，其实都是惦记着敏子做的那一口好吃的。

敏子去世后，赵雷写过一篇文章纪念她。

"2007 年的整个春天，我在录歌，敏在做饭。录好了 demo（样带）先让敏听，敏认真地指指点点，评价都是好听。我也给敏子录了几首：《春天在哪里》《草原上升起不落的太阳》，真是青春又有难度。逢人来家她就让我给放，先放她的后放我的，邻居异口同声'你儿子就是遗传你的好嗓音啊！'给敏子乐的。她这点小心思，耍得太可爱。"（赵雷《妈妈》）

赵雷很小就出去闯荡了，想起敏子，记忆大多停留在童年：用小石子"巧换"到的四块大白兔奶糖、犯错时敏子骑来学校受审的绿色小三轮、揪女生小辫子敏子为道歉买来的小礼物、偷偷夹在英文课本里被当场抓包的避孕套……

等赵雷长大了，想把世界捧到敏子面前，她已时日无多。

2010 年，在北京的一处四合院中，赵雷租下一间房子，打算完成第一张专辑《赵小雷》的制作，为添置录音设备，他背上六十万的巨额债务。一年后，敏子卧病在床，他在《快乐男声》的舞台上唱了一首《妈妈》。在这首被彭佳慧评为"光看歌词就很感动"的歌里，赵雷音色颤抖，双眼含泪，一共叫了敏子二十一声"妈妈"。

电影《步履不停》中有一个令人印象深刻的细节，母亲（树木希林饰演）对儿子（阿部宽饰演）说："啊——让我看看你的牙。"导演是枝裕和在《拍电影时我在想的事》中说这场戏的灵感源自母亲。他的母亲安了一口假牙，重病入院后，常叮嘱儿子要好好刷牙、爱护牙齿。

母亲去世后，是枝裕和用一部没有泪水的家庭电影为她服丧，感慨"人生总是有点儿来不及"。这是一种深沉的悼念。某种程度上，赵雷也一直在用创作的方式为母亲服丧。他无法接受敏子的离开。"我一直觉着我还有的是机会，等攒够钱了，就可以买辆舒服的小轿车，带她欣赏她年轻时没机会看的风景。"2011年，敏子去世，未能听到他的第一张专辑，此后每出一张新专辑，赵雷都将其埋在母亲的墓地旁。在专辑收录的一首歌曲《画》中，赵雷希望有一只画笔可以"画上母亲安详的姿势"，刘欢说"这是一首无可挑剔的歌"。

在很多作品里，大家都能感受到敏子的离去给赵雷带来的痛苦。一首《妈妈》撕心裂肺，他希望"妈妈带走他"，"他们一起到天上或地下去等着爸爸"；在《过年》中，他清醒地意识到"往后不会再有人为他张罗年夜饭";在《吉姆餐厅》里,他欢快的谱曲下是无尽感伤的告白:"再也不会有谁让你感到钻心的痛苦,再也不会有谁牵绊着你踏上远方的路。"

对母亲离开的伤痛与缅怀,也在随着时间发生改变。2016年,他写下一首《窑上路》纪念去世的母亲,那里麦香飘荡,道路"很凉"却有"微微星光"。

"窑上路的微微星光,照亮她离开的方向。"(《窑上路》)

随着时间的流逝,赵雷对母亲的感情越来越克制。他的经纪人齐静说:"雷子已经过了30岁,也更成熟了,这张专辑更像是他与过去的一种告别。"

3

敏子过世后,赵雷失去了人生方向。

他想去流浪。

2013年8月,北京的一间排练厅里,赵雷与乐队正在筹备专辑《吉姆餐厅》。这是赵雷的第二张个人专辑,好友浩子和小猛也发行了自己的首张个人专辑。三人攒下一些作品,足够开个专场。赵雷一拍脑门,决定弄个摩托车巡演。

两个月后,赵雷、浩子、小猛、旭东、冠奇一行五人骑着摩托从成都出发,一路向东,途经重庆、长沙、武汉、南京、苏州、杭州、无锡、上海、温州、福州、厦门、广州、深圳,到达香港后返回北京。

自由、风、速度、冒险、激情……十个轮子滚过四千五百千米，穿过湿滑黑暗的隧道、陡峭的山崖，去 Live House（一种音乐表演空间，起源于日本，提供乐团或独立歌手开小型演唱会的场所）、大学和山间的无名小镇歌唱，渴了就饮溪水，累了就在海滩上搭帐篷睡一觉。

在厦门，面对海风，赵雷写下《我们的时光》："翻过了青山，你说你看头顶斗笠的人们，海风拂过椰树吹散一路的风尘，这里就像与闹市隔绝的又一个世界，让我们疲倦的身体在这里，长久地停歇。"

13岁那年，赵雷在电影中看到伍佰披散着头发在地下通道唱歌，起了去卖唱的心思。苦学吉他三年后，他在北京找了条地下通道，开始靠路人的打赏谋生。不久后，他又去了后海。在后海的一家酒吧里，他相继翻唱过罗大佑、郑智化、郑钧、周华健、任贤齐等歌手的歌，偶尔也唱一些自己的原创曲目，一晚大约可以挣到八十块钱。

20岁，北京已拴不住赵雷，他要追随偶像郑钧的脚步，回到拉萨。青藏线开通后不久，赵雷找朋友借来七百块钱，跑到大昭寺门口晒太阳。一年又两个月过去，囊中羞涩，只好求助敏子。敏子生怕亏着儿子，爽快地给他打去一万块钱，然后自己在家中勒紧裤腰带。

那几年，家成了一个临时歇脚的中转站，北京对赵雷的意义就像《家乡》里写的,"就像是从远方来路过这里的客人"。每次回北京,赵雷待不了几天就要走,敏子牵肠挂肚,却也只是默默地把他的行囊塞满,再偷偷塞些私房钱。

敏子日渐老去,赵雷决定留在北京。他意识到自己的轻狂:"母亲是这个世界上唯一一个我们可以不顾一切、不顾任何角色形象,把最真实的自己还原给她的那个人,可是我们从未照顾过她的感受。"

刚安定下来没多久,敏子就过世了,赵雷再度启程去流浪。演出结束,回到北京,他看到父亲坐在院子里喝茶、晒太阳,意识到自己必须停下来。"我妈在的时候,我内心更平静。看到我爸(在喝茶),我觉得挺好,得把这种安逸的感觉留住。"现在,每回出门演出,他都把老赵带在身边。有时去音乐节演出,老赵就搬一把椅子,坐在舞台侧方,看着赵雷唱歌。

4

唱完《三十岁的女人》后,赵雷消失了近两年。各路媒体打电话进行采访邀约,收到的是经纪人齐静的统一回复:"赵雷就是一只小刺猬。他又回到以前那种躲起来的状态了,不接受任何的采访。而且,现在躲得比以前更深了。"

在《歌手》舞台上,赵雷最终一共演唱了四首歌:《成都》《理想》《月亮粑粑》《三十岁的女人》。返场演出中,一句"她是个三十岁,至今还没有结婚的女人,她笑脸中眼旁已有几道波纹",将他推向舆论风暴中心,被定义为"直男癌"。

"刺猬"是赵雷的图腾,他的工作室徽标是一只刺猬,大家也习惯叫他"小刺猬"。多年前,赵雷住在北京的一条胡同里,院中常有一只刺猬溜进来玩耍,他们经常待在一块玩儿,自然越来越接近。

刺猬天生胆小,性格孤僻,不喜与人过分亲近,就算天冷时彼此靠拢取暖,也要保持一定的距离,以免互相刺伤。

那些隐形的刺让赵雷选择在受到伤害时闷声不吭地躲起来。

《三十岁的女人》诞生于两次巧合。在酒吧驻唱时,一个深夜,赵雷看见一群三十多岁的女人在酒吧嬉笑哭闹,有些感触,于是写下这首歌,名字未定。又一次,他打电话叫一个熟识的姐姐来看演出,姐姐给这首歌取名《三十岁的女人》,沿用至今。

面对争议,赵雷选择沉默。只有当抱起吉他重新唱歌时,人们才能再度触到他柔软的肚皮。

5

赵雷身高 1.75 米,喜爱打拳,眼神清亮,笑起来时有两颗藏不住的小虎牙。日常生活里,他的着装就是简单的白T恤搭配牛仔裤。他喜欢别人叫他"雷子",或是"赵小雷"。

这一切的一切,都使得这个已经36岁的大男人看起来更像是一个稚气未脱的男孩。在专辑《无法长大》的同名主打歌里,他告诫自己:"既然无法长大,那就不要学着别人去挣扎。"

男孩的一个显著标志是害羞:"上学时很少得到女孩子的爱慕,现在她们一口一个'我爱你',我反倒不知该怎么回应了。"

回迁房下来前,赵雷依旧和老赵住在北京胡同深处的老四合院里。"四合院挺好的,院子里还能种点儿小花、小草什么的,再说我在这儿也住习惯了。只是后来,老有人(乐迷)找过来,有时我正光着膀子在院子里溜达呢,突然一个姑娘就闯进来了,多少还是会有点儿尴尬。住在楼房里可能就不会有这种问题。"

做好音乐、过好生活、让老赵开心,这三条几乎是赵雷全部的人生追求,也成为他日常判断一切的准则。在生活里,他很少主动去表达,似乎是有意与社交平台保持距离。"还是要创作,不能每天沉浸在这些(拥趸)里,不然迟早得废了。"面对大众的夸赞,经纪人齐静也说:"过度赞誉是毁掉一个人最快的方式。"

至于成名不成名的、争议不争议的,这心境就像苏轼《定风波·莫听穿林打叶声》的结尾:"归去,也无风雨也无晴。"

现在，赵雷偶尔还是会想起自己当年在后海唱歌的日子。那时，他交了一个女朋友，白天女朋友去上班，他从酒吧卖唱回来，正要睡觉。两人作息永远对不上。女朋友担心他没有收入，每次出门前都要在餐桌上留下一张二十元的纸币，用于吃饭和日常开销。他觉得羞愧，想尽办法卖唱挣钱。后海酒吧街的道路两旁摆满了椅子，常有人在那儿喝茶、晒太阳，赵雷背起吉他挨家挨户地推销自己，见人就问："哥们儿，要点首歌吗？"

一次，他碰到沙宝亮，特紧张，暗自思忖该不该过去，过去了该怎么办，人家本来就是唱歌的，自己一开嗓会不会特跌份？摸摸口袋，囊中羞涩，还是鼓起勇气上前。"您好，给您唱首歌，您看您需要吗？"彼时，沙宝亮连头都没抬，继续自顾自地跟旁边的人聊天。赵雷觉得很没面子，摸摸鼻子道了句"谢谢"，便悻悻地离开了。

"那时根本没想过能靠唱歌活着，但（当时的）女朋友总说我是绩优股，还真就叫她给说中了。"

以不变应万变

刚来北京那年,第一站是去鼓楼打卡。好友于北充当向导,领我去赵雷卖过唱的酒吧听歌。傍晚,两人沿着什刹海往外走,去公路边寻摸他在《鼓楼》里唱到的107路公交车。一晃多年过去,时光就像是歌里唱到的那样:"当107路再次经过,时间是带走青春的电车。"

本书定稿前夕,我请他和他女朋友来家中饭聚。席间,我们聊起各自的境遇和变化,于北提到自己仍旧喜爱现场音乐,习惯在骑自行车时哼上一首周云蓬或者罗大佑的歌,似乎是在试图以某种"不变"来抵抗世界的"万变"。末了,我们举杯感慨:"已经太久没看过雷子的现场演出了啊!"

当晚,聚会散场后的零点,赵雷发布了他的第四张专辑《署前街少年》。我们默默地在音乐软件上购买一张数字专辑聊表支持。我点开于北的微信头像,发现仍是六年前那只弹吉他的小刺猬。至于时间流淌一事,谁也没有再提。

很多年前读过一本绿妖的小说《北京小兽》。她说:"北京是一座但见本质的城市。一切表象到了这里,必将脱落。本质即是,我们都是动物,藏起伤口,从一个人退缩到一个带壳的生命:是坚强的蚂蚁、独眼的熊、迟钝而固执的犀牛、被割去鳍的鲨鱼、好斗的獒。"

不论我们是什么,最重要的是做自己,最幸运的是有同类。

与赵雷的长谈仅一次。尽管在2015—2022年间,我在不同的媒体撰写过关于他的文章已不计其数,但也总免不了担心这篇文字对他的呈现不够全面。

这些对话发生在2016年10月,在上海简单生活节首日的彩排夜,时间大约是晚上8点20分。在这之前不久,他刚在北京举行完"无法长大"巡演的新闻发布会,我因人在苏州而遗憾错过。

再之后的交集便到了2017年《歌手》播出之后。那时,凤凰网青年频道发起一个名为"百人计划"的项目,旨在以"人"作为标识对话在岁月洪流中闪耀的十个行业内的十位青年。受编辑七月委托,我联系赵雷,试图再度采访他。那些时日,他因《成都》名声大噪,却也因《三十岁的女人》被推上风口浪尖,采访邀约只得到雷子经纪人齐静的回复:"你还不知道雷子嘛!他又躲起来啦,不接受任何采访了!"

所有谈话中,我印象最深刻的仍是雷子针对"无法长大"所做的一个阐释:"无法长大不是任性地活着,是我在生活中面对一些事,仍旧做不到像完完全全的成年人那样处理得很好。我还不能长大，也不想长大，因为我觉得人长大后，很多思考事情的角度不一样，我想保留一些最干净的东西。"

让我们都和赵雷一样继续"孩子气"下去吧，努力保留内心的那么一点干净，去坦然接受命运给的每一块糖和每一个巴掌。

对话赵雷　　　　　　　　　无法长大不是任性地活着

王秋璎　你现在挺红的。演出场场爆满。
赵　雷　我觉得我为工作、生活付出过挺多，也的确算是有一些收获，至于红、出名，谈不上吧。

王秋璎　但的确是受到了非常多的关注。生活上有什么变化吗？和以前的朋友联络多吗？
赵　雷　多啊！前阵子我们几个哥们儿还一块出来喝酒、聊天。我觉得我的生活没什么变化，还是骑着小摩托车到处走，坐公交车，去游泳，到超市排队买东西，上公共厕所。

王秋璎　说到骑摩托，我突然想到朴树一直在用的那只老式"诺基亚"，这两者在很多人眼中可能都是相对老派的习惯和坚持。你身边的朋友怎么看？比如他们是否会觉得你挣大钱了，就该住大房子、开豪车……
赵　雷　其实很多人都挺不理解我的。我的朋友会觉得我为什么还保留着一辆这么破的摩托车，还不赶紧结婚、在北京市区买房子。我身边很多朋友比较大众，他们不是文艺青年，也离我的工作比较远，所以很难知道其中的不容易吧。但这个没关系，我做这件事，我知道事情本身的意义在哪儿就行。

王秋璎　你很少有负面新闻，因此也被同行叫作"零差评"歌手。你自己怎么看？平时关注过自己的负面消息吗？

赵　雷　没太关注过自己的负面消息。关于"零差评"这件事，我觉得人无完人吧。人都有缺点，可能有的被发现了，有的还不为人知。缺点和优点这个东西，有时候是要靠别人去说的。我的心态很平和，人做错事很正常，知道悔改就行。

王秋璎　你混圈吗？

赵　雷　不。我从不觉得自己待在"民谣圈"，也没有把自己特意和某批人、某个圈撮合到一块儿。挺没劲的，人生有意思的事情那么多。

王秋璎　工作上和生活中的反差大不大？

赵　雷　会有一些反差吧，但不会特别大。我工作上挺较真儿的，出席一些场合，大多也是以一个歌手的身份，那就要做歌手该做的事。比如去音乐节，肯定会有一些舞台表演的成分在里面。下了台，我就是一个普通人，会做一些大家都做的事，甚至不做的事。

王秋璎　怎么看待"创作"？

赵　雷　创作并非刻意为之。对我而言，一些不经意的场景更能激发我的创作灵感，走在路上看到什么事情，跟歌对上了，歌词可能就出来了。创作是自然而然的，刻意创作未必是好的。如果脑子里什么也没有，倒上一杯酒可能也出不了东西。生憋真的很困难。

王秋璎　《Over》《已是两条路上的人》《无法长大》都是情歌，也比较揪心，是根据你自己的情感经历创作的吗？

赵　雷　这是我自己的情感经历，但我其实还是不太愿意过多地去讲我的私事，所以这首歌也结合了很多现代人的恋爱状态。我看到挺多搞艺术创作的人都会有类似的经历。像《无法长大》这首歌讲的是一段恋爱嘛，一段有些挣扎、有些痴缠的感情。在这段感情里，女生为男生做出比较多的牺牲和付出，承受了一定的委屈。这在感情里，很多时候是常态吧，总有一方付出得会比较多一些。

王秋璎　人一直在经历一些新的事情，这些也会直接反馈到创作中，你觉得自己的创作风格会发生改变吗？

赵　雷　我觉得好作品不需要被归类。所有做艺术的人都不会为自己的风格下定义，即使定义了，也不一定会按照这个路线走。最好还是不要局限吧。所以谈不上改变或者不改变。

王秋璎　以前在Live House，乐迷只需要花个几十块钱就可以和你近距离接触，现在票价都涨到八百八十块，甚至一千二百八十块了，有的人表示要"粉转路"，你听到这个会失落吗？

赵　雷　其实这些不是我能把控的，听到这些我会有点儿惋惜。今年确实不能去Live House演出，跟大家近距离接触，也难怪大家会这么想。因为大家并不知道运作一场大型场馆演唱会的成本有多大，涉及演唱会报批、场地租金、硬体成本、运输成本、宣传制作、乐手演出费、票务提成等多个方面。对我而言，通过两年时间举办大型场馆演唱会的目的是积累经验，到目前为止还没达到可以挣钱的地步。我希望舞台效果更好，所以把更多的金钱和精力用在音响、灯光、舞美这些东西上。别看我站在了体育馆的舞台上，但是个人收入其实跟演Live House的时期差不多。

王秋璎　你平时都有哪些娱乐方式？

赵　雷　喝酒、撸串算吗？偶尔跑跑步、打拳、游泳。

王秋璎　看八卦新闻吗？

赵　雷　从不看。除非这些新闻就像新闻联播一样，摆在你面前，迎面撞上，躲都躲不掉，我可能会大概知道这是个什么事，但基本搞不清来龙去脉，我觉得也没必要搞清。八卦这种东西，感觉就是明星的家长里短。谁家都有个小打小闹，这很正常，没什么可看的。

王秋璎　每次演出时候打扮都挺简单的，基本就是T恤和牛仔裤，发型变化也不大。你是一个恋旧的人吗？

赵　雷　会有一些旧物情结，我曾经一顶帽子戴了三年。至于打扮这件事，我觉得身处面向大众的场合，还是需要尊重大家，收拾一下自己。

王秋璎　你自恋吗？

赵　雷　我有时还真挺臭屁的，喜欢把自己弄得好看一点儿，这样心情也好。假使今天穿了一件好看的衣服，我可能会多看好几次镜子，情绪也会很高昂。

王秋璎　　害怕改变吗?

赵　雷　　不害怕改变。我很多时候会去做一件事,仅仅只是因为喜欢就去做了,所以想改变的时候也不是什么难事。另外,我适应能力比较强,而且一旦你喜欢一个东西,其实是没什么能够阻止你的吧。

王秋璎　　我听你的歌,感觉你体内住着两个人格,有时是害羞的、内敛的,有时又是情感饱满的、外放的、痞气十足的,比如《不由自主》《不开的唇》《朵儿》都能印证这一点。你觉得自己到底是一个什么样的人?

赵　雷　　其实我话挺多的,我对熟悉的人话挺多,不熟的话,就会比较慢热,给人一种高冷的错觉。我有点儿闷骚,我觉得每个人都这样。我经常说,我就像一只刺猬,内心很温暖、很火热,可能因为一些外在的东西无法获得温暖的怀抱。

王秋璎　　刺猬的刺虽然柔软,但外人看来还是锋利无比,你会扎到别人吗?

赵　雷　　会,我自己是有这个意识的,就是我偶尔会扎到别人。我记得有次我问经纪人齐静,说我剪一短头发怎么样,她说别剪,那样的话就太凶了,看起来不太好接触,这或许就是外在会让人觉得锋利的一些东西吧。

王秋璎　你好像不太爱发微博啊,在生活中是一个表达欲比较弱的人吗?

赵　雷　对,微博我连看都不看。以前我还会看看,现在越来越觉得没劲,偶尔发个演出消息什么的。也不是表达欲弱,有的时候也会发自内心地想说一些话,比如上次我和我爸去爬山,能登上一座海拔四千多米的山峰时,我为他自豪,我就想炫耀一下;再比如过生日,很多人想为我庆祝,不如发一个微博告诉他们,我过得很开心,谢谢他们的记挂。我让他们知道,我过得很好,也感谢他们的祝福。

王秋璎　我之前看过一个挺有意思的评论,有准妈妈在你微博底下留言"雷子你上次更博的时候我还不是一个妈妈",其实你能发微博,大家还是挺高兴的,甚至把它作为一个生活中的期待和小确幸,你感觉呢?

赵　雷　我一直不太明白为什么发个微博会让大家觉得这么开心。因为我觉得这是一个挺小的事。我觉得这个社会上挺多东西都不太适合我,我不喜欢炫耀。我需要存在感的时候基本上就是把大家叫来喝喝酒、唱唱歌,开心一下,大家夸我唱歌好听,我可能就会觉得很开心很满足。

王秋璎　以后会更新微博多一点儿吗？

赵　雷　以后还是不会频繁更新微博，因为我觉得真的没什么可说的。我去过的地方很多，见过的新鲜事物也很多。我的表达欲都在作品里了，平时没什么想说的，有时候会想唱出来，会想通过音乐记录下来。

王秋璎　现在微博每天应该收到挺多私信吧，你通常怎么处理它们？

赵　雷　我没下载微博，我特别害怕打开微博。因为每次一打开，几万条信息弹出来，太多了。就像你说的，私信会带来荣誉感和存在感。荣誉感会过去，没必要依靠这些去生活，因为你迟早会变成一个没人知道的小老头儿。你的歌不可能永留于世，当然如果有人愿意听你的声音，你的CD可能会被留个几十年。但总体来说，如果你依靠这些东西去生活，沉浸在这些乐迷带来的存在感和追捧之中，很快就会活不下去。能真正影响我的还是一些好朋友或者专业人士的建议，还有自己对于音乐的态度。

王秋璎　你眼睛很干净，不像30岁人的眼睛，这跟你的生活经历、心态什么的都有关系吧？

赵　雷　我是一个比较容易满足的人，我会把大家对我好的事都记住,从另一个角度报答他们。

王秋璎　现在能让你感到高兴的事是什么?
赵　雷　我目前最开心的事不是得到别人的夸奖,就比如一个人跟我说赵雷我喜欢你,你的歌很好听,我觉得我已经过了靠大家这样去鼓励的阶段。现在已经不用靠着大家的夸奖去感到快乐,现在最开心的事情就是做出自己满意的东西。另外就是发新作品的时候,大家反响很好,我就会很开心。

王秋璎　你上次去音乐节,扯到房产证的事,大家都以为你要结婚了?
赵　雷　这事真是让我哭笑不得。我们家房子拆迁以后,搬进了新房子,但已经五年了,房产证还没有给我们,所以就在长阳音乐节上调侃了一句。

王秋璎　情歌写得得心应手,大家自然对你的感情生活非常好奇,你理想的伴侣大概是什么样的?排斥女朋友可能会是自己的乐迷吗?
赵　雷　没有什么所谓的理想型,自己觉得好就行。乐迷变成女朋友这事,其实无所谓吧。如果有特别志同道合,特别能聊到一块儿的,可以接触一下。这个问题的关键不在于她是不是乐迷，而在于我们究竟能不能走到一起。这些小姑娘如果真和我谈恋爱的话，我可能每天都会活在一个被崇拜的状态里，这是我个人不太愿意看到的。我希望这些小姑娘赶紧好好去谈个恋爱。（憨笑）

王秋璎　好多人想给你"生孩子"，压力大不大？
赵　雷　我觉得还好吧，因为她们也就是说说。她们也没机会和我这么亲密地接触。而且我是一个很喜欢安静的人，所以一般下了台，我很少说话。

王秋璎　年少的时候，常被女孩子追求吗？
赵　雷　其实我以前上学的时候，很少得到女孩子的爱慕。所以以前我去演出，小姑娘们说"我爱你"，我就会回复"我也爱你"。后来喊的人多了，我确实不知道怎么处理这件事了。

王秋璎　在创作上保有"无法长大"的童心这一点是很好的，但很多人会觉得，男人"无法长大"对于感情来说是一种困扰，因为这意味着他的伴侣需要作出很多牺牲。你是怎么看待这个问题的？
赵　雷　"无法长大"不是任性地活着。就是我觉得在生活上有些事，做不到像完完全全的成年人那样处理得很好。目前对我而言，还不能长大，因为我觉得长大了，很多思考事情的角度就会不一样，我还是个未婚的男人，我还想按照以前那种方式过活。在感情方面，如果一直这样，肯定是不好的，得不到稳定舒适的恋爱关系，所以我说是一个阶段嘛。如果是一个人，处理事情的时候，就可以肆无忌惮，一人吃饱全家不饿。如果结婚了，要考虑妻子。我一个人的时候，经常和大家打闹开玩笑，偶尔发发小脾气。我想保留一些最干净的东西。

王秋璎　你有偶像吗？有没有为偶像做过比较疯狂的事？
赵　雷　我小时候很喜欢任贤齐，他所有的CD我都有，后来他不出歌了。六年前，我刚开通微博，觉得很新奇，为什么还会有私信这种东西呢。于是我就给任贤齐发了一条私信说："您是我童年的回忆。"他没有回应我，但我觉得这是我做过最不一样的事了。像一个小歌迷似的发私信，感觉挺好，后来感觉傻乎乎的。幸好他没回，毕竟他也有自己的生活。

王秋璎　很多年轻人是因为喜欢你的音乐才开始学着弹吉他的，你有什么想对他们说的吗？

赵　雷　别想太多。喜欢唱歌就去唱，不用想着成名。如果你成天想着功成名就，往往事与愿违，最重要的是你真心热爱这个东西。有时候你写的东西可能并不是大家喜欢的，也不要着急，因为那只是一个小圈儿，再说了，众口难调。你要继续唱下去，让更多的人听到，你要去寻找机会。但你心中要知道，自己是真心热爱，要满怀理想，而不是名利啊什么的，一开始不要给自己这么重的包袱。

我偏爱写诗的荒谬，胜过不写诗的荒谬。

——辛波斯卡

程璧

人要过美好公正的生活

这几年，格外偏爱植物。比起书桌上每周固定摆放的鲜切花，更钟情于那些沉默开阔的绿叶。闲暇时，陆续在阳台上栽种了琴叶榕、散尾葵、龟背竹、虎皮兰、海芋、白掌、风信子、天堂鸟……外加一些可食用的香葱和辣椒。午后风起时，在懒洋洋的日光底下，打开门窗，在植物旁静坐，有时看书发呆，有时听音乐饮茶。

每当朋友心情不好，我便叫他们去培育植物。一位好友装修完乔迁新居，我也立刻安排一株繁茂的龟背竹跟着住进去。开到爆盆后，朋友将它移植到一个更大的新盆中，余下几枝用作水培。如此一来，满屋各个角落都是生机勃勃的绿意。

和程璧的对话最初就是围绕这些植物展开的。她的住所位于东京大学附近，周遭是满眼的绿。这些绿被她看作"植物的恩惠"和"都市生活的侥幸"。她自己的小菜园里有常春藤、薄荷、苏格兰石楠、迷迭香、三色堇、茄子、小番茄和黄瓜。薄荷与迷迭香是烹饪首选，和朋友聚餐时的甜点、烤肉都少不了它们的身影。

耕种是一种快乐，植物让人感到被需要，只要留心浇水、松土，它们从不辜负你，那些繁盛璀璨、大开大放的枝叶即是最好的证明。"看着它们一点点长大，内心的小苗也会跟着噌噌往外冒。"

《庄子·天道》有言："素朴而天下莫能与之争美。"生活大美往往潜藏在平实朴素的事物中，是最恒久也最不易凋零的。程璧爱植物，爱的正是这份内敛、静谧与生机，同她的音乐如出一辙。若是一定要选择某样物品来指代自己，她会毫不犹豫地选择植物："一棵大树，或者任何一种植物。始终坚韧地活着，活在当下。"

人要有一些植物性。什么叫作植物性？鲍尔吉·原野说："植物性就是自然之性。人原本是自然之子，慢慢地进化，同时也被腐蚀化，忘记了原乡。就该回过头来向植物们学习，学习它们的谦卑不言和恒久定力。植物性，是老庄的，道家的，无争的。"

2017年，程璧回到东京，投入一段朴素、简洁的生活之中。用"乐童音乐"负责人郭小寒的话来说，离开北京意味着远离"圈子"，主动放弃部分演出、社交、名利。这份生活的留白正是程璧所看重的：不在创作中磨损生命，而是践行点滴日常之美。

除去随性随心的生活步调，程璧最珍视的是日常生活的仪式感。一日三餐精致的摆盘、自然风光、餐厅、咖啡馆、公园、露台、家居器物、小动物、食物……一切美好的事物，她都会用文字和镜头记录下来。这种记录令她对生命和时间的流逝充满浪漫幻想，也会为朝开暮落的花草倾心。"仪式感不该是在特殊的纪念日才体现，而是把每天都能过得像庆典一样，我觉得这就是人生最大的奢侈。"

苏格拉底说："人要过美好公正的生活。"而这些美好和公正，全是日常点滴赐予的，它让我们变得耐心、沉静，小心护住内心的这方安宁。日常赋予人生命力，也让人学会如何一点点从中汲取能量。那些能量被一点点吸收，再释放，最终幻化成某段文字或旋律。

这就是创作的秘籍。

1

"我很喜欢小野丽莎的状态。50岁时依旧每年一张又一张地出专辑，不紧不慢，还有个很安稳的家庭，是两个孩子的妈妈。"程璧说。2021年5月1日上午，她含蓄地宣布自己迈入人生新阶段，算是对外公布婚讯。几个月后，她在东京产下一子，重七斤，正式成为一名新手妈妈。

孩子名叫 Poem，是她最喜欢的"诗"。

生产前，程璧曾认真考虑过自己的分娩方式。她有两个好友，和她一样从事艺术创作，一个是导演，一个是画家。前者是自然主义者，主张自然分娩；后者是自由主义者，主张剖腹产。

程璧怕疼，最终决定选择无痛分娩。

曾有一组数据表明，法国女性八成选择无痛分娩，而亚洲女性做出这一选择的只有一两成。大部分亚洲人都认为生育之痛本就是女性可以承受的。程璧的医生对此持有完全不同的理念："生孩子不需忍受一丝丝痛苦。"夜里三点，她被推进手术室，第二天早上九点，就听到孩子的哭声。

孕期，她完成了新专辑《诗经》的全部谱曲工作。这次选择谱曲的文字，皆出自《诗经》中最鲜活动人的《国风》篇章，其中的《桃夭》位于三百零五篇的第六篇，正与自己出嫁时的欣喜心境暗合："桃之夭夭，灼灼其华。之子于归，宜其室家。桃之夭夭，有蕡其实。之子于归，宜其家室。桃之夭夭，其叶蓁蓁。之子于归，宜其家人。"

孩子出生后，一家三口去濑户内海度假，度过一段美好的亲子时光。

过去一年，孩子仍在哺乳期，程璧的生活节奏维持着某种规律：早上九点起床，为孩子准备一日三餐中的辅食和母乳，午饭后哄孩子午休。在他睡着的两到三小时里，开始见缝插针地看书、创作。傍晚推孩子出门散步，顺便完成自己的锻炼份额。"我先生还是挺给力的。我们俩分工带孩子。晚上，我累了，他就会陪着孩子。"

成为母亲，意味着心里又多注入了一点儿爱。爱是一切创作的起点。爱孩子，爱先生，爱家人，爱生活，爱一切草木，都是在为创作蓄力。"心如死灰的人怎么可能会有灵感呢？所以爱才是创作的原动力，也是人活着的原动力。"

正如艾米莉·狄金森的那首小诗："爱，先于生命，后于死亡，是创造的起点、世界的原型。"

2

程璧的先生从事金融行业，沉稳、内敛、理性、严谨，收藏了一屋子的摇滚乐CD。在东京，人与人之间的关系是客气、含蓄的，大家都特别考虑他人的感受，反而不会主动说出自己内心的真实想法。很多夫妻即使在一起一辈子，也是相敬如宾，从未有过太深入的交流。山东女孩程璧的直爽与大大咧咧恰恰最吸引他。"遇到什么不对劲，就一定要当场说出来。正是出于这种性格，他觉得我俩特别合适。"

一个是情绪稳定的工科生,一个是敏感细腻的创作者,如果爱情如毛姆所说的是互相填补彼此内心的缺口,那两人的心恰好都是太阳一样完美的正圆形,契合、互补。

苏联学者沃罗比约夫在《爱情的哲学》中谈道:"爱情的熄灭是一个古老的、世界性的问题。整个生活程序日复一日地强制和种种烦琐的细则……这就造成了一种无法忍受的精神气氛。在这种气氛中最忠实的爱情也会窒息而死。"程璧显然不同意这一点,她既需要物质,也需要精神,那种一辈子都不会磕碰的亲密关系,不是她所期待的。比起鲁迅的《伤逝》,她更喜欢冰心的《两个家庭》。前者是婚姻侵蚀爱情的挽歌,后者是如何使神圣的爱情在日常生活中得以延续。

那些具体而琐碎的细节,世俗的柴米油盐酱醋茶,都是物质世界的重要组成部分。每次家里有什么东西找不到,先生就会着急上火。"你自己到处扔,不知道放哪儿去了吧,还在这儿急赤白脸的。"程璧一生气,问题就转移,先生开始回过头来哄她。人前,先生不苟言笑;人后,先生就着自己感兴趣的话题妙语连珠,逗得她捧腹大笑。"有时,我累了、困了,他仍在兴头上。"

做妈妈是一种天意,是"命定的",也在某种程度上治好了程璧的急性子。孕期,她接收过不少坏消息。有一个朋友,一直想做妈妈,怀孕后,已经听过孩子的心跳,但两周后就没有了。这件事对朋友的打击很大,也为程璧敲响了警钟。她查遍各种资料，发现这种胚胎被自然淘汰的概率高达15%。"生命是一件非常无能为力的事，你只能听从命运的安排。所以我的心态变得更加平和。不受控制的事太多了，能做的就是把握当下。"

怀孕后，脑容量比之前扩大了三四倍。每当周围发出危险信号，程璧总能第一时间检索到，并尽快排除。她喜欢孩子，享受做母亲的状态，这是第一次在产房见到 Poem 的脚环上写有自己名字时便确信的。过去一年，她沉浸在育儿中，辛苦和甜蜜相辅相成。她用镜头事无巨细地记下了与 Poem 有关的一切：第一次出门，第一次独立站立，第一次交到新朋友，第一次触摸秋天的枫叶，第一次大笑……

程璧从小就喜欢唱歌，但每种乐器学得都不算太深入。家里安排的键盘课，上了几节就没再去。"那时反倒是对绘画感兴趣，喜欢一切视觉上的东西。"念大四时，她迷上了胶片，常在豆瓣上的"相机生活小组"发照片。到东京后，中古相机特别多，她就更加爱不释手。在东京找的第一份实习工作，也是在佳能上班。直到现在，打开程璧的资料简介，"音乐人"身份之后跟着的依旧是"摄影师"。

Poem 出生前三年，程璧有条不紊地交付给腾讯三张签约专辑：一张关于英文短诗，一张关于世界民谣，一张关于中国的《诗经》。随后也陆续完成了要上传至网易云的单曲。

这种理想的节奏是经过筛选得来的。比如，程璧至今维持着"独立音乐人"的状态,没有签公司,创作不被合约所束缚和左右。又比如,她曾在事业上升期选择离开北京回到东京,远离内卷的生活,放弃了部分世俗名利。

"因为一切都在自己的节奏里,所以就会显得松弛。人只有真正在做自己喜欢的事情,才会显得无欲无求。就像我谱曲的时候也不是刻意的,因为诗歌就是我真心喜欢的东西,所以我拿起吉他,脑海中自然而然地会流淌出一些旋律,我就会把它们记下来。我从来没有觉得自己一定会做音乐,而是不知不觉竟然就做音乐了,就是这样一个过程。"

3

2012年,程璧横渡东海抵达日本,如今已往返中日整十年。

在老家滨州的平原上,程璧看到的是一望无际的麦浪,而日本四面环海。她先后求职于证券公司、佳能、设计师事务所,过着"工薪阶层的生活"。在她的记忆里,滨州是儿时美好记忆延续之地,也是相对传统的。去北大读硕士前,父母对她最大的希冀是考一个稳当的本地公务员,踏踏实实在家相夫教子。父母一辈子没出过滨州,"父母在,不远游。女孩子不要太折腾"是他们的思路。"好在父母的教育是放养式的,我自己折腾出点儿动静来,他们也就随我去了。"

十年前,程璧在东京陆续完成《诗遇上歌》的demo,决心把它们制作出来。录制一张专辑需要三个多月的时间,当时"已经完全无心再上班了"。辞去原研哉设计事务所的工作后,她回到北京,自费十万块钱做出了这张专辑,正式开启属于独立音乐人的道路。

疫情之前的七年,程璧来回飞,在自己的小家和身后的大家之间来回奔波。最频繁时一年飞了数十次。

两种特质在程璧身上共存:一方面,作家桑格格说她像是活在一滴露珠里。稳、慢、略微封闭,与人说话时中间隔着一层奇异的时光感;另一方面,她是个爽朗的北方女孩,爱笑,喜欢孩子,憧憬热闹的家庭生活。"艺术中很细腻,生活中又不要太矫情,刚刚好。"

程璧有两个哥哥,家中总是热闹非凡。大哥念高中时,家里添置了一台收录机,全家人凑在一块儿听磁带。几个小脑袋挤在收音机前,里面播放着《爱江山更爱美人》。

程家父女受程璧祖母的熏陶,喜爱诗词。程父退休后,培养出许多新爱好:种菜、下棋、听京剧、写毛笔字、吟诗……父女俩电话粥一煲就是两三小时。聊到兴头上,电话那端的父亲会吟诗。

"璧"字是祖母取的。身为家中的小女儿,她一直是被偏爱的那个。"按我爸的话来说,家里已经有两个傻小子了,我要把女儿宠成小公主。"程父是律师,女儿小时候,他曾考虑过引导她从事跟自己一样的职业。"小时候,跟着我爸看法律合同,他有问过大学要不要念法律专业,我觉得那完全不是属于我的人生和世界。"

家人都不从事艺术类工作,很少关心程璧的创作,唯一有感知的是发专辑和开演唱会。父亲爱听京剧,嫌女儿的音乐太寡淡。有时,程璧上线一首新歌,父亲的老同事辗转发到他那里,他又忍不住得意扬扬地打电话给女儿。

程璧曾为父亲写过一首歌,名为《父亲种下的花园》。在创作手记里,她这样记录道:"这是我第一次写歌给父亲。如果说世界上给了我艺术和美的启蒙的是祖母,那么给了我全部温柔和宠溺的是父亲。他人对于爱的表达,可能是几枝花,而父亲式的对女儿爱的表达,就是种下一整座花园。"

在日本,程璧总会想家。一次,春分梅雨时节,她去镰仓海边,听到远处"咚咚"的太鼓声,巧遇附近的农家正在庆祝传统节日,众人头戴发箍,脚蹬木屐,喊着号子。"热闹的场面,让我想起小时候在乡下那些古老的节日,不由得又一阵乡愁。"

4

程璧第一次感受到"乡愁",是从祖母的口中。

她出生时,母亲已40岁,是高龄产妇,再往上,家中还有两个哥哥。母亲无法担负同时照顾三个孩子的重任,只好把程璧送到祖母家。4岁时,她来到祖母位于黄河南岸小营镇的一栋四合院中,院子四周是一望无际的农田,院内栽种了棉桃和石榴树。"九一八"事变那年,祖母从东北跟着父亲入关,从此离开家乡。午后,她摇着蒲扇为4岁的小孙女哼唱《松花江上》。"流浪,流浪,整日价在关内流浪,哪年,哪月,才能够回到我那可爱的故乡……"

祖母是受过教育的大家闺秀,敏感心细,喜欢吟诗,习惯写日记记录点滴日常。程璧在的日子里,祖母的日记就与她息息相关。其中一页写道:"小孙女绕着石榴树一圈一圈地跑。我刚来到这里的时候栽下的这棵树苗,如今已经和她长得一样高了。"还有一页上写:"天气晴朗的日子,我和小孙女坐在院子里摘棉桃。小孙女很灵巧,可爱。教她一遍,就会了。"

在祖母的带领下,程璧开始聆听一颗种子萌芽的声音,去绿油油的菜地里摘下青豆角,也会剪窗花。年纪稍大点儿,她开始背诗,还学着写毛笔字。

"庭前花木满,院外小径芳。四时常相往,晴日共剪窗。"程璧人生中第一首小诗就是献给祖母的。去北大读研后,她开始尝试词曲创作,把这首小诗改成了歌,名字就叫《晴日共剪窗》。

2007年,程璧就读于山东大学东语系。在大二的一堂日语课上,被老师叫出教室,接起家中打来的报丧电话。赶回老家奔丧的前一刻,脑中仍是一片空白。

她始终无法面对祖母的死亡。作为晚熟的类型,程璧一直觉得自己的大学生活只是高中的某种延续。小语种班级中只有十来个人,头两年是打基础阶段,每人就是埋头苦读、背诵课文,与书本打交道。"我的心态始终停留在一个小孩的阶段,面对她去世的消息,我一直无法接受,也从来没有接受。潜意识里,我一直告诉自己,祖母还在,她就在我的身边。"几年后,她大学毕业,到北大读研,又过了几年,她到东京工作,站在东京街头,总有一种祖母仍在身边的恍惚感。

30岁后,程璧感到自己已经能够比较平和地谈到祖母的死亡。"没有和死亡和解,但是可以谈了。"

5

文艺是一种基因。祖母唤醒了程璧体内的这种基因。她热爱与文艺相关的一切事物:文学、诗歌、摄影、电影以及部分的装置艺术。"其实,我从小就喜欢艺术,但家人觉得文化课很重要,而我又是个乖乖女。"

从山东大学毕业后,程璧过了一段学霸式的生活,在一路过五关斩六将后,考到了北大东语系。"在应试的独木桥上,很多爱好都被剥夺了,到了北大一下就开始放飞自我。"硕士阶段的研究方向是东方美学。在这期间,她接触到不少日本的文化艺术。像作家三岛由纪夫,导演小津安二郎、岩井俊二。

程璧接触文学的时间比音乐更长。在25岁前，她更多的是喜欢读书和写作。大学时，她读日本文学，最喜欢日本两大古典随笔《枕草子》和《徒然草》。"清少纳言这种古典女性形象让我心生向往。比起欧美作品，我更喜欢亚洲、东方的审美。"

研究生二年级，程璧作为交换生到日本，也正是这次游学让她打开了音乐世界的大门。在日本的一位朋友家，程璧第一次听到古典吉他的声音就被打动了。朋友就职于佳能，摄影很棒，古典吉他也弹得漂亮。"当时就有点儿自惭形秽，觉得自己爱好文艺这么多年，也没有什么拿得出手的作品。第二天，我就立马买了一把吉他，开始研究那些最简单的和弦。后来，弹着弹着就发现原来我喜欢的现代诗都可以被直接唱进我哼出来的旋律中。"

普通民谣吉他是钢弦的，古典吉他是尼龙弦，比起前者的清脆响亮，程璧更钟情于后者的厚重、灵动。而在所有文体中，诗歌始终位于金字塔顶端的位置，闪着光，让程璧心动。"两种东西传递给我的感受是相似的，经常会激发我的创作欲。"在第二张专辑《诗遇上歌》的创作手记里，程璧这样形容诗歌与民谣的关系："我觉得所有艺术形式里，诗与民谣具有十分相似的特质。在文学领域，诗字数最少，篇幅简短，却又最具深意。在音乐领域，民谣无论在技巧还是配器上往往追求简单，而它的深度在于其冷静的哲思性。"

一方面，"诗歌是人类语言最极致的形式，它是生命里的一部分，像空气和水"，如莎士比亚口中的"只要人可呼吸，眼睛可见，诗就能让人生命重现"；另一方面，诗歌是诗人对生活的提纯，是一系列丰富感受的沉积。所以灵感是即兴的，瞬间是可遇不可求的，一切都未知。程璧的创作也是如此。"并非刻意地呈现或表达，而是随着自己的人生经历所自然而然发生的一种立体状态。"未知，代表了可能性；即兴，代表了当下和真实感。"人生何尝不是一场未知与即兴呢。乘兴而来，尽兴而归。想到就去做。"

当至真的心灵和音乐一起舞动时，民谣便应运而生。

6

一些歌者，他们的作品是写实主义的，有时还带有强烈的批判性。像万能青年旅店的《杀死那个石家庄人》，野孩子的《生活在地下》，寸铁的《硬汉》……程璧的创作更接近审美派，是出于对美的一种感受。她的音乐是庭院的、温和的、诗意的。

专辑《向着明亮那方》代表着程璧的创作态度：追逐那些明亮的、温暖的、正面的、勇敢的东西。"就像金子美玲的诗，简单透明，写给心里藏着小孩的大人。"专辑中的同名主打歌来自日本童谣诗人金子美铃的同名诗作。这个出生于20世纪初的女诗人是"童谣诗的彗星"，年仅27岁就自杀身亡，一生并不顺遂。父亲早逝、母亲改嫁、离异……一切痛苦挤压着她，但她依旧用童真的目光看待周围的一切：小草、小鸟、星星、蒲公英、西红柿、鱼……因为有了诗歌，再阴郁的日子，也有欢乐的阳光。那些短小隽永的诗句，清新灵动中闪烁着深刻的哲思。《船帆》中，她写抵达海港的船只虽然破旧，但当它航行在海上时却又是那么的洁白闪亮："抵达海港的船儿的帆 / 黑了 破了 / 指向海岸的船儿的帆 / 洁白 闪亮 / 遥远的海上的那船啊 / 请你一直不要靠岸 / 你要只在海天之间 / 向着远方航行 / 请你 请你 请你 / 闪亮地驶向远方。"

程璧自身的创作，也大多呈现生活的闲适与禅意，注重个人内心的感受。如《步履不停》中写的："在即将展开的旅途中，不要忘了最初的动机，是什么让你决定出发。"又如《我的心里是满的》中写道："一个人赶路，我一点也不孤单，我的心里是满的。"她希望能够用美丽的文字和跳动的音符去抵抗住那些看似重复、无可观赏的日常。"人生由无数个冗长的日子构建而成，希望人内心的宇宙永远是美好、丰富的。"就像她喜欢的日剧《深夜食堂》第二部的配乐作曲人福原希己江，曾有一张专辑名为《好吃的歌》，其中的每一首歌的名字都是一道菜，也是从日常最小的出发点去创作。

美是打开世界的方式。小时候待在祖母身边，她对事物的评价体系，从来无关对错，而是美或不美。诗是"包容一切的树洞"，是"不写下来、唱出来就会飞走的话"。这是程璧在诗歌当中感受到的美。

她仍是随时想着要出发,去往世界的各个角落,寻找诗,感受美。接下来,她打算去法国看看,那里的女性吸引着她:杜拉斯、科莱特、安妮·埃尔诺、波伏娃……她也时常会想起自己出发的地方,想到人生的起点。那是一处北方平原,一望无际,没有山,和山海环绕的东京很不同。她会想到优雅的祖母和那个熟悉的庭院。麦苗刚长出来时,原野上是大片大片的绿,风一吹就掀起一阵绿色的麦浪,让人忍不住想在上面打滚儿。

"内心若真正怀有诗意,是永远都不会被生活所磨灭的。"

"你"把活着喜欢过了

和程璧互为微信好友多年,但最终联结我们的却是一场葬礼。

一日,我收到程璧发来的微信,她说希望改编文友若雪写下的一首小诗《月亮》。"之前就喜欢他写下的这首诗,一直说要谱曲,现在终于准备动工了。但再联系他时,好像变了个人,是发生了什么吗?"提出这个问题的当下,程璧仍不知若雪已经去世。一年前,两人在微信上交流诗歌,若雪陆续给她分享几首自己创作的小诗,但二人从未谋面。

三个月前,若雪离世。从确诊急性早幼粒细胞白血病被送进急诊室到死亡,中间不过短短三日。三日内,一些热心的朋友张罗着为他筹款治病。三日后,这笔款项变为祭奠所用。

与若雪相识三年有余,既是文友,也是同乡。从我居住的地方散步至他的母校,不过三五分钟。两人距离最近的一次仅几千米。说来也巧,因工作或返乡,两人有无数次碰面的机会,却从未相见。一次,两人开玩笑打趣,说这交往模式像是福柯与布朗肖。"只通过读文章来认识和理解对方,刻意不见面。但是,又都惦念着对方。"

这段友谊始于阅读。对于两个爱阅读的人而言,以书为依托，人与人尽可展开无限的交谈。若雪谈喜欢的波拉尼奥、村上春树、三岛由纪夫、金爱烂，我分享我所钟情的门罗、莱辛、李昂、朱天文……相识前，他曾搬到岳麓山脚下，闭门不出，专心写作，完成一部长篇小说。我钦佩这份勇气。相比之下，远在一千五百千米开外的水泥森林，我虽看上去以文字谋生，却是自己的囚徒。

若雪常讲，读书读多了，人就会爱幻想，内心不自觉地有些高傲，生出种种不合时宜来。这些不合时宜既是艺术的摇篮，也是生活中的痛苦之源。

又一年，若雪去了事业单位求职。他决定买个房子，把远在村子里的父母和姐姐接来同住，努力追求务实与务虚之间的平衡。同时，他有了一个稳定交往的恋人。我们谈得最多的，仍是写作者与文学的关系、文学与生活的关系。年末在房子装修间隙，我们忙里偷闲通电话，他讲起学生时代记忆深刻的一个片段：某日，他在校园里夜跑，远远看到樟树下一对恋人在谈话。突然，男生不知讲了什么，逗得站在对面的女生捧腹大笑。紧接着，两个人同时笑，越笑越大声，很快就笑到直不起腰来，不得不搀扶着对方。最后，两人只好一起蹲在地上笑。就这样，笑了很久很久，直到力气全无。

"也许男生最初讲了什么并不重要吧。反正两人就这么笑起来。"若雪感到这个场景很像是自己想到文学时候的样子，是那么虚无，却又是那么让人感到安心。重新走入职场让他掌握了许多解决实际问题的能力，可让他感到安全、自在的，仍是这股虚无的力量。岁末年关，令他感到空空荡荡的是无所创造。"以往的年终总结总由一本本书铺就，或是由写出多少字来作结，今年看来是不行了啊。"

后来，我读潘向黎的小说《上海爱情浮世绘》，去找她的周边访谈来看。其中一个访谈中，她提到自己在54岁那一年结束在媒体二十二年的文学编辑生涯，重新回到小说的赛道。那时，我也因一些客观原因有两年的时间未曾提笔写小说，中间只陆续写了几个短篇，更多的是电影剧本和电视剧剧本。表面上，生活被工作填满，但内心似乎总有个角落空出一大块。

潘向黎是在哪一刻下定决心重回小说的世界呢？她提到对她刺激最大的一个事件是好朋友陶文瑜的死亡。"他是一个很有才华的诗人、作家，才56岁就离世了。一定要这种时候，你才知道人生根本不像你以为的那样来日方长。他到最后都没等到看见自己的最后一篇小说在《收获》上发表。我就觉得我过去太天真了，年龄、体力、好友的离去，一下打破了我的泡沫。"而每当我怀疑写作，想要逃避写作时，我总会想起岁末年关和若雪的那通电话，电话的末尾，他用一种笃信的语气告诉我："我呢，则希望文学永远是我的朋友。我们要相爱着。穷极一生，希望不负它。"

三个月后，若雪离开人世。又八个月过去，他的文字以音乐的形式留存下来，变为程璧的一首歌。

没能参加若雪葬礼是一大憾事。他的一位发小告诉我，如果想对若雪说点儿什么，可以发到他的邮箱，由他打印出来统一带到葬礼上。我发过去的是若雪、程璧、我共同喜欢的诗人辛波斯卡的一首小诗《墓志铭》。

"这里躺着，像逗点般，一个旧派的人。她写过几首诗，大地赐她长眠，虽然她生前不曾加入任何文学派系。她墓上除了这首小诗、牛蒡和猫头鹰外，别无其他珍物。路人啊，拿出你提包里的电脑，思索一下辛波斯卡的命运。"

《自在独行》这本小书出版时，想必万物已挨过深冬，希望我的好友若雪在另一个世界能够像他诗里所写的那样"行走在所有正常而又幸福的大街上"。而关于对若雪的祝福，我想借用谷川俊太郎的现代诗《春的临终》中的诗句："'你'把活着喜欢过了，先睡觉吧，因为远处有呼唤'你'的东西。"

对话程璧　　　　　　　　　　　　创作让人感到踏实

王秋璎　麻花辫、棉布裙、古典吉他、诗歌，这几个元素组成了你。大家都叫你"文艺女神"。

程　璧　我没有太思考过这个标签的定义。可能是我给很多诗歌谱曲，所以大家自然而然地就会往这方面联想。至于衣服，我的确更喜欢天然棉麻的材质。

王秋璎　在当下的语境中，"文艺"这个词好像被重塑了。比如一部分年轻人其实还蛮排斥自己被定义为"文艺青年"的，觉得这是一种挖苦。

程　璧　对。我其实跟好多人都聊过这个话题。我觉得不管是哪种文化艺术门类，简单而言，喜爱阅读、有一定阅读量的人就一定是有文艺基因的。那些并没有读过几本书，仅仅因为记住了一些金句就用它们来凸显自己文艺品位的人，可能就更容易受到挖苦。

王秋璎　是。现在网上蛮多"三分钟带你看完一部电影""五分钟陪你读完一本世界名著"这样的新媒体节目。似乎能够沉下心来专注阅读的人越来越少了，大家都比较容易浮躁跟焦虑。所以这几年，一些文化学者也是一直在呼唤文学的"回归"。

程　璧　现代社会是一个碎片化的时代，大家摄取知识都讲究高效。当下年轻人的生存压力也很大，尤其在一个所谓"内卷"的环境中，很多媒体、平台让大家看到花花绿绿的物质世界，也特别容易让人焦虑。但是说回刚刚的"挖苦"这个事，我个人觉得不管一个人读没读过太多书，只要他想要接近文字，都是值得被肯定的，都不应该被嘲笑。

王秋璎　给诗歌谱曲都是要取得作者授权的，像莎士比亚这类的公版作品还好。其他的，像谷川俊太郎、北岛这些，联系授权的过程困难吗？

程　璧　目前比较幸运的一点就是看中的诗歌基本都成功地拿到了授权。像谷川俊太郎的《春的临终》，是当时我在东京原研哉事务所工作时先认识了一位来采访原研哉的新华社记者，经他的引荐我又认识了旅日诗人田原，他同时也是谷川俊太郎的中文译者。田原见我很喜欢诗歌和音乐创作，就说你可以试着唱一唱现代诗。就是他给我的启发，所以有了后来的一些现代诗谱曲的音乐作品。北岛也是，当时田原就直接跟我说，干脆把北岛介绍给你。后来在东京一所大学的交流现场，我第一次见到了北岛，当时我挺紧张的，一首《一切》唱得也有点儿战战兢兢，北岛听完当场并没有太大的反应。过了很久，他联系我，问我还有别的作品吗？后来我回国录《诗遇上歌》，有一天突然就接到了他的电话，他问我专辑名字定了吗？我说没有，初步计划着将音乐和诗歌做一个结合，他脑袋一拍，说"诗遇上歌"怎么样？专辑名字就是这么来的。

王秋璎　之后你的音乐创作基本就一直围绕着诗歌。像辛波斯卡、张枣、金子美铃、海涅、狄金森、雪莱、野村喜和夫……个人感觉你你选择用来谱曲的诗作都相对温柔，诗歌的辞藻和意向也相对简洁。个人会有什么偏好吗？

程　璧　大部分时候，我选诗是靠感觉，但因为我个人不太喜欢辞藻的堆砌，更喜欢简单的句子，所以会给人这种感觉。像这次的这张 *Sonnet and Song* 是纯英文诗专辑，我选了一首辛波斯卡的《一见钟情》，这首就是我目前尝试过的音乐性相对较复杂的一首作品。里面的那句"确定是美丽的，但变化无常更加美丽"，我真的太喜欢了。

王秋璎　张枣的那句诗也很迷人："空气新鲜，你不怕，你的另一半会交付谁。"让我感受到某种女性意识。

程　璧　对。我的女性意识也是前几年才慢慢被打开的，可能还是和年龄有关。年龄给予我一个思考的契机，比如关于自我的部分，包括我要选择怎样的方式来度过自己的一生。

王秋璎　《然后，我拥抱你》那张专辑里面除了选用大量张枣的诗歌，还有一首《红蜻蜓》，是翻唱自一首比较早的日文民谣。你在日本待了十年，它在你的创作中可能会打下比较深的烙印，包括日本的文化艺术。

程　璧　对。我原本是日语专业的，所以在专业课内也会接触到一些日本的文学、艺术、电影。我记得当时我第一次读到三岛由纪夫，就觉得他的文笔太棒了，能把人那么细腻的、浅浅的小心思写得那么精确。很多西方作家翻译成中文的作品在思维或者文化上总会有一点儿隔阂，但日文翻译因为都是东方式思维，所以没有什么太大的隔阂。导演的话，小津安二郎、岩井俊二、是枝裕和我都很喜欢，我有张专辑就叫作《步履不停》。杉本博司的那本《直到长出青苔》我也一直很喜欢。日本的音乐人，像手岛葵、福原希己江、羊毛和花、汤川潮音我都很喜欢。另外，爱尔兰的戴米恩·莱斯、丽莎·汉尼根非常吸引我,民谣皇后琼·贝兹对我影响也很大。这些都是我非常喜欢或者说非常渴望创作的音乐类型。

王秋璎　日本诗人中,可能谷川俊太郎对你的影响会比较大一点儿吧?

程　璧　是。他的诗作语言简练、干净、纯粹,尤其是近年的禅意与空灵,透出一种很感性的东方智慧。他不仅是一位诗人,同时也是剧作家和翻译家。他属于文学世家出身,父亲本身就是大哲学家。他个人的状态我也很敬佩,现在年近90岁,依旧维持着很高的创作欲和创作产量,整个人给人的感觉就是自在、通透、轻盈。

王秋璎　除了诗集,你平时还读什么比较多?

程　璧　散文、随笔,我还喜欢读一些传记。最近正在读的一本就是关于女作家的传记,林德尔·戈登的《破局者:改变世界的五位女作家》。

王秋璎　生完孩子的这一年,生活大概怎么协调?比如阅读、创作。

程　璧　我过去这一年真的没有太多大块的时间去阅读,全身心地都放在照顾小生命上。平常的话，我就很喜欢阅读诗集，但我读诗集是会根据心情来的，不是说我今天就必须要求自己坐在书桌前研究诗集，就是会相对放松。我最喜欢的阅读状态就是，打开这一页，恰好看到作者写的这句话，我全能读得懂，就完全都写进我心里。因为我觉得阅读这种东西，尤其是诗歌，你不在那个情境和心态里，你是完全不知道对方在表达什么的。

王秋璎　你的整个状态都是"自然而然"，跟道家的文化很像。
程　璧　我大学的时候就对儒家和道家的东西特别感兴趣，然后我在出生成长的地方又一直接受的是儒家文化的教育和熏陶，包括强调作为读书人的道路就是治世、治国。后来我发现我热爱的艺术是非常道家的，是遵从内心自我的，所以我觉得内心还是更靠近道家的文化。

王秋璎　我的理解是这种对艺术的追求本身还是和你的生活环境背道而驰的。算是一种反叛吧？
程　璧　对，是一种反叛。我觉得恰恰是因为成长的环境，所以我才更加向往自由和艺术。这种反叛其实从我决定考北大的时候就开始了，那时我父母压根儿没想着我会考上，他们觉得我不用有这么多追求，在家里相夫教子，本本分分考个公务员就挺好，包括之后我决定来东京感受一下，看看这边的独立音乐人是怎么做艺术的，他们的生活状态就让我一下跳出了自己所有的成长背景和一路接受的教育。

王秋璎　接下来还有什么诗人是想要谱曲但还没行动的吗？
程　璧　余秀华吧。她的一些作品我很喜欢。其中一首我其实已经有了一些旋律方面的灵感，至于具体是哪首我先卖个关子。（笑）

王秋璎　你今天能够和我分享这么多，我其实还是蛮开心的。包括你和我分享你的生活状态，关于你先生的一些事。因为我知道你其实不是个喜欢聊太多生活细节的人，接受采访也一般是围绕文化艺术在谈。
程　璧　对。因为生活中大家经历的事情都大差不差（方言，指差不多），而且我不喜欢被凝视的感觉，所以有时会希望能把个人生活和音乐拉开一点儿距离。我觉得大家就多从作品里去感受好了，毕竟文化、艺术这些东西才是更值得去思索和探讨的。

王秋璎　我之前去采访作家孙频，也聊到过文化艺术的作用，

　　　　我们得出一个共识，就是说，外部世界越动荡、焦虑、不安，我们越需要精神的角落，越需要从这些看似虚无、宏大的东西中汲取能量，这样人才不至于那么孱弱。

程　璧　我特别认同，唯一的区别可能在于，我们作为创作者，单纯的欣赏艺术可能已经不能让我们感到满足了。只有在创作中，我们才感到是踏实的，这个才是我们的安全区。保持创造力，才是生命中那个最有活力的部分。

马条越过那道封锁线

1

马条的妻子是沈阳人，比他小 11 岁，中央美术学院的高才生，一个独立、知性的新时代女性，父母在银行做高管。两人相识约十五年，育有一子。

求婚前，马条很忐忑，不知该做哪些准备，该用什么方式。妻子是艺术家，内心高傲，审美独特，他担心俗气的大钻戒不仅入不了她的法眼，还会弄巧成拙。在脑补了各种浪漫的求婚场景后，摇滚老炮儿索性摆出西北汉子特有的直爽和坦诚，开门见山："如果我们要结婚了，我该怎么做？"妻子的反应也不藏着掖着："当然是选日子啊！"

仪式感还是要有的。婚前，马条坚定地向妻子表达了自己对待过去的立场："我知道我可能有过好几个女朋友，接下来的话并不是要为我的过去找借口。我觉得，我对你秉持着一个男人对女人真正的爱，并且是一种有能力的爱。曾经的我所处的环境非常无助、无奈，是不敢去留住什么、争取什么的，但咱俩现在不一样了，我爱你，就要给你最好的，我也有这个能力。我要用这种有能力的爱，把你永远留在我身边。"

婚礼最终定在 2012 年 8 月，是西式的。马条挑了一块大草地，开露天自助餐 Party，来的亲友有五百多人。岳父、岳母十分认可马条的品性，也欣赏他在音乐上的才华。

"互相扶持，好好生活。"

婚后，这是马条在两边父母处听到最多的话。

2

马条的老家位于重庆，他的父亲是一名军人。自幼年起，马条便跟随父母离开家乡去往克拉玛依进行援疆活动。十来岁的年纪，住在街道一旁的平房里，风很大，天很冷，穿着棉服裹得跟小熊似的在雪地里滚来滚去，这是马条对童年的全部记忆。戈壁滩上的生活很简单，随便找个地方挖个坑，铺点儿东西，人往上一躺，就是一个家。

中学时代，马条被体育老师挑中去克拉玛依市体委踢足球，三年后，因为个子太高、重心不稳被送回学校继续考学。他的大学是在四川南充的一个石油学院读的，刚上大二，就因打架被学校开除了。

回到克拉玛依后，马条并不缺工作。这是一个零失业率的城市，父母均在油田单位工作，他自然可以被顺利分配。马条现在回忆起来，发觉那是一种一眼就能望到边的生活——一份测井工、修井工的工作，三五天就能学会，但真干起来得干一辈子。当然了，干一辈子也有干一辈子的好处，不仅吃喝不愁，拿结婚证还能换到一套不错的房子。那时的马条不敢想象那样的生活。

唯一的消遣是喝酒。二十出头的小伙子，夜里吃饱饭没事干，就和一群发小聚在一起喝酒，一喝就是通宵。最惨烈的一次，马条喝到胃穿孔，在医院住了二十多天。

3

在中国摇滚史上，1994年注定是非比寻常的一年，空气里到处涌动着躁动的因子。12月17日，一场载入史册的演唱会"摇滚中国乐势力"在香港红磡体育馆成功举办，"魔岩三杰"登上摇滚史巅峰，《孤独的人是可耻的》《高级动物》《钟鼓楼》

等成为家喻户晓的"自由之歌"。

那一年是中国摇滚的青春期，也是马条的青春期。

1994年，克拉玛依的工作让马条感到生活乏善可陈：上班，下班、喝酒、拿工资。循环往复，了无生趣。受唐朝乐队、罗大佑、Beyond等人的影响，马条也迷上了音乐。那会儿弹吉他是件特酷的事，为了追求当地心仪的一个姑娘，马条也组了个乐队，乐队成员包含他在内一共有五人，命名为"穿山甲"，他担任主唱——一个不会弹吉他的主唱。

1994年，马条揣着仅有的五千块钱，买了一张火车票，坐了七十二小时的火车抵达北京。他在位于长安街内的一间地下室里开了两天房，算是暂时有个栖身之所。白天，他沿街四处溜达，边溜达边跟人打听哪里有琴行。当时的他，非常渴望拥有一把属于自己的琴。

那会儿的琴行长发男子扎堆，一看就像"搞摇滚的"。马条主动和他们搭讪，逢人就问："哥们儿，你是搞音乐的吗？"当时只有一个人正儿八经地回复了他，那人说自己是一个鼓手。马条开心得就跟见着亲人似的，当即就要跟人家走："太好了！我也很喜欢音乐，但我是从外地来的，我谁也不认识，你们家附近能租到房吗？我愿意在你们家附近租房子，咱们可以一起来搞音乐。"

对方欣然应允后，马条退房手续也没办，拎着仅有的一个小包就跟他走了。在鼓手朋友家借住一星期后，马条就在附近租到了一间小平房。平房约30平方米，两间屋子一个院子，一年房租两千块。那是马条在北京的第一个小窝。他买了电炉子和锅碗瓢盆，正式开启了自己的"北漂"生活。不久后，他在王府井买到了自己人生中的第一把琴。

1994年，吉他课要八十块一节，马条在报纸刊登的小广告上找到一个吉他培训班，每天花80分钟穿越大半个城市从东五环骑自行车到二环去学琴，自行车坐垫把屁股磨得又红又肿。那会儿的吉他课还采用大班教学，一个班里有十几个学生，老师讲完理论，剩下的时间就是各自练习。一堂课下来，马条收获甚微。鼓手朋友告诉马条，也可以自己在家里练。他还说，音乐就像是数学题，一加一等于二，一旦掌握了算法，就会变得很简单。马条开始在家自学，不到两个月，就把和声等一套理论都搞懂了。每天在院子里弹琴，弹完琴就走出门，看路边形形色色的人，马条觉得自己很特别，很伟大。生活的苦难在实现愿望的巨大满足感面前，就像一片可以轻易被风吹走的树叶。

写完第一首歌后，马条快乐得简直要疯掉。那天，他买了一瓶二锅头、一袋花生米，把朋友们请到家里来听歌。这种满足感持续了不到一年，很快马条陷入了自我怀疑。

1995年的一天晚上，马条在三里屯听完崔健的现场演唱会回家，突然发现自己一下就明白什么是摇滚了。第二天，他看着自己的原创，觉得"写得太烂了，简直没法儿听"。他决定把自己的过去撕个粉碎。那阵子，他一直泡在 Live House 里，看了很多乐队的演出，也接触到了左小祖咒、舌头、苍蝇、崔健、唐朝乐队等人。跟老炮儿们在一起"厮混"两年多后，马条开始尝试真正自己去创作。《拼凑的日子》《傻女孩》《神在叫你》《爱情调侃的方式》《高手》《离开》等作品就是在那个时期写出来的。也是因为这些作品，马条得到宋柯的赏识，顺利签约麦田。

为顺利录制《高手》这张唱片，宋柯把车卖了。

4

马条与妻子之间的感情曾存在过两道"封锁线"。他常暗自庆幸，"封锁线"被突破了。

马条和妻子是在酒吧认识的。2007 年 12 月 31 日晚，他在北京疆进酒进行一场跨年演出。在那个专场上，他第一次见到了自己的另一半，一个在中央美院学设计的女孩。彩排时，她就端坐在靠近舞台的一张小圆桌上，圆脸、白皮肤、大眼睛，一脸专注，令人过目不忘。

回忆起第一次主动约妻子出来的情景，马条将自己形容为愣头青。尽管那时他已经有过几段恋爱经历，但和妻子在疆进酒分别后的很长一段时间里，他都不知道要如何制造机会再度接触。

一位女性朋友很好地充当了"助攻"的角色。临近过年时，这位朋友托马条置办一些年货送到位于良乡的大学宿舍。女生宿舍男生不便出入，马条立刻找到了约妻子出来见面的正当理由。他发了一条短信，希望她可以陪自己去采办年货，并且把东西送进宿舍楼。

妻子爽快地答应了马条。学校距离市区很远，七拐八绕，地铁、公交车来回倒了好几趟，她丝毫没有不耐烦的意思。东西送完，马条提出请她吃饭以表谢意。饭后，两人散步去酒吧听歌，又是一番长谈。

妻子虽是学设计的，但在音乐上总是有自己独特的审美与见解，两人也总有聊不完的话题。马条常弹自己的原创音乐给她听，有时写完一首 demo，也总是第一时间发过去。

这段感情一开始进展得并不顺利。马条是一个没什么归属感的人，常年漂泊在外的日子让他感到自己如同浮萍，随着流水的方向飘飘荡荡。很快，第二道"封锁线"出现了。在交往不到半年时，也就是 2008 年的上半年，妻子告诉马条，她要去美国进修半年。马条表面上答应得干脆利落，其实内心一直在打鼓。从"前人"处累积来的经验告诉他，妻子一出国，这段感情就凶多吉少了。半年后，妻子不一定回国，就算回国，也不一定还会继续和他在一起。

在感情中，马条是个自卑的人，但表面上还是尽量故作轻松。妻子离开时，他甚至在想，她未来或许有很多种幸福的可能性。出国后，两人通过电话互诉衷肠，马条开始了漫长的等待。

2008年11月，妻子如期回到北京。她打来电话时，马条正在现场演出。当晚演出一结束，他就迫不及待地约妻子出来，无奈妻子太累，两人并未见面，但马条激动得彻夜未眠。第二天，两人见面，觉得彼此有一丝陌生，不知道说点儿什么或做点儿什么来缓解尴尬的气氛。一杯啤酒下肚，马条放松下来，有一搭没一搭地硬着头皮聊下去，妻子也放下了负担。

这次分离让马条下定决心结束漂泊的日子，与妻子一起生活。2008年到2012年，两人同居了四年。那四年，马条渴望过上一种平静的生活。安稳一点儿，住在一栋舒服的房子里，别再那么动荡，少一点儿愤怒。他开始像只"恋巢的鸟儿"。从前条马和朋友在酒吧聚会，弹琴喝酒唱歌，彻夜长谈；有了妻子之后，每天一出门就盼着回家。

5

遇见妻子之前，马条从未想过要结婚。刻骨铭心的爱情，他曾经拥有过，一段七年，一段三年，加起来就是十分之一的生命。两个女人，一个促使他写下《寂寞有多长》，另一个激发他写下《封锁线》。

没有熬过七年之痒的女主角叫海燕，一个热情、坚毅的朝鲜族姑娘，是马条生命中第一份真正意义上的感情。两人相识于 1996 年，过程就好像现实版的《前任攻略》。在一个朋友的婚礼上，新郎是海燕的前任，新娘是她大学时候的闺蜜。婚礼当天，马条与她坐同一桌，两人同龄，就文学、诗歌、绘画等话题相谈甚欢。

海燕的父亲是法官，母亲是老师，家境优渥。两人相爱后，马条很没自信。他常追着海燕问："我和你的前男友谁更优秀？"海燕总是毫不犹豫地回答："当然是你。"马条觉得海燕只是在安慰自己，毕竟她的前男友很有钱。海燕拉着他的手反复告诉他："有没有钱并不重要，人的品性才是最重要的。"那几年，马条很落魄，海燕坚持守在他身边，把自己的高档衣服全卖了，换钱帮他做音乐。

这段感情未得到女方父母的祝福。那时海燕父母常劝她跟马条分开，觉得跟着一个弹琴唱歌的人没出息、没前途，但她就是铁了心要跟马条在一起，靠着这种在爱里一往无前的劲儿，一直和父母僵持着。

签约麦田后，宋柯卖车帮助马条完成了新专辑里剩下五首歌的录制，前途看似一片光明。当时，宋柯深受克日什托夫·基耶斯洛夫斯基《蓝白红三部曲》的影响，在麦田大力推进音乐上的"蓝白红"三部曲——他想做一个"麦田三原色"组合，红色代表为尹吾，蓝色代表为叶蓓，白色代表为朴树。宋柯觉得尹吾不太适合代表红色，想让马条来。

2000年是麦田音乐的转折点。这一年,马条的人生也急转直下。前龙声公司的许晓峰与宋柯共同促成麦田音乐成为华纳唱片的加盟子品牌,华纳麦田正式成立,同时标志着世界五大唱片公司之一的华纳唱片正式进军内地。

2001年6月的一天,马条去位于朝阳门的华纳唱片总部找宋柯,希望推进专辑《高手》的发行,刚经历完公司易主的宋柯拒绝了他:"这件事现在真的不好弄,我自己也在给别人打工,只能再等等看了。"

唱片遭搁浅,马条一蹶不振,海燕决定远赴韩国。同年,"麦田三原色"顺利推出,红色定为尹吾的《每个人的一生都是一次远行》。最终,尹吾这抹红色也被抛弃了。

分别时,马条和海燕已在北京通州置办了人生中第一套房产,马条将那处房产留给海燕,自己飘到了温暖的南方。2002年到2004年,马条在广州停留了将近三年,中间只是偶尔回北京录歌。在广州,马条在一家酒吧卖唱,收入稳定。海燕在韩国的日子并不好过,最难时她甚至还不起贷款。有一阵子,她给马条打电话求助。马条爽快地说:"我在广州混得很好啊,要不你的贷款我来帮你还吧。"就这样,马条靠在酒吧卖唱挣钱,替海燕偿还了半年多的房贷,每月一千五百块,直到她的生活日渐好转。

小惠是马条在广州期间认识的,一个情窦初开的善良的漂亮小女孩,有个性,有活力。2003年,17岁的小惠还在上大学,和当时所有年轻的广州女孩一样,受西方影响很深,常和同学出去聚会,买漂亮衣服,跟着马条也是天南地北四处演出,最远到过新疆。

2006年,马条决定回北京,他想把即将大学毕业的小惠也带到北京,让她在北京找工作、安顿下来。这个提议遭到小惠的拒绝,因为出身单亲家庭的她不能放下母亲独自一人。

一天,小惠主动给马条打电话,提出要分手。马条不愿结束得这么草率,提出再给她一星期时间好好想想。一星期后,小惠再次拨通马条的电话:"想好了,还是分开吧。"这段感情维持了三年的时间。分开后,马条在北京的出租屋里写下了《封锁线》。写完之后半年,他基本不敢唱起,一开口,就忍不住落泪。

马条的妻子是个什么样的女人呢?婚前,马条将生命中曾对自己影响重大的两个女人和盘托出,把自己的情感经历和心路历程一五一十地告诉了她。妻子只说:"只要敢于承认和面对自己的过去,待人真诚,重情重义,就不是坏男人。"

马条结婚后,海燕回国,约他见面。出门前,妻子叮嘱他:"你记得要主动买单,要请人家多吃点儿好的。"随后小惠也来过一次北京,三人坐在同一张桌上吃饭,像多年未见的老朋友。马条妻子言:"你磊落,我就不别扭。"

6

2014年12月31日,马条做了爸爸,每次演出完,第一件事就是给儿子打视频电话。孩子小,没法儿带在身边,只能拜托岳父、岳母看着。演出经常全国各地跑,他管视频电话的时刻叫"充电",每回只要看到儿子在电话那头手舞足蹈的模样,再多的疲惫都会被卸下。儿子也是马条的"情绪牵引机"。儿子一笑,他就跟着笑;儿子一哭,他的眼角也开始跟着湿润。这种羁绊马条从未体会过,很新奇,也很美妙。儿子七个月大第一次开口叫他爸爸时,他高兴得忘乎所以,整个大脑被喜悦填满。事后,人家问他"孩子第一次叫爸爸,你什么感受"时,他一拍脑门发现自己全忘了。

马条的妻子是个女强人,产后没多久就迅速投身于工作。马条父母远在新疆,只能偶尔过来看望和陪伴。老人对北京的城市生活不习惯,一次最多只能待半个月,所以岳父、岳母基本承担了带孩子的重任。

去中央电视台综艺频道(CCTV-3)唱歌,去深圳领奖,这都是当了爸爸之后做的事。成家后,马条开始渴望为妻儿提供一种更优质的生活。他一直在努力践行婚前对妻子的承诺:用一种有能力的爱,把她永远留在自己身边。

工作压力大时,马条与妻子难免会有口角,岳父、岳母常用自己的观念来引导夫妻俩,帮助他们分析问题、解决问题,甚至会多次站在马条（男人）的立场考虑问题。这种通情达理使得马条和家庭的羁绊更深。

孩子小，马条在外地四处奔波，妻子和孩子常常无法跟在身边。马条迫切盼望孩子长大，这样演出时就可以将母子二人带在身边。

2016年，儿子两岁，马条的唱片获得了年度最佳民谣唱片奖。评委大部分是有孩子的人，马条觉得，大家应该都从《篝火》这张唱片里体会到了一个父亲的温暖。被提名的人还有李志、陈粒、好妹妹，但最终获奖的只有马条。回到家里，马条给孩子放自己的《傻瓜》，儿子一听就上瘾了。从此每次出门回家，都缠着爸爸给他唱这首歌。马条不厌其烦，一次一次地弹给他听，甚至会教他拨动琴弦，儿子很快就学会了哼唱这首歌。

儿子轻轻掀开了裹在马条身上那层坚硬的蚌壳，让他袒露出内里非常柔软的肉身和心脏。婚姻终结了他的漂泊感，父亲身份让他领悟到生命的真正意义。生孩子是一件需要勇气的事。以前生活不如意时，马条根本不去想这个。现在反而是儿子让他变得敢于迎接生活的一切挑战。他心里常会想：连孩子我都敢生了，还有什么事是我不敢做的呢？

最有魅力的柔情铁汉

马条戒烟五年了。到这个年纪,他周围的摇滚青年大多和他一样结婚、生子,按部就班地进入人生固定流程。马条称这种转变带来的最大好处是让他们变得更节制,更懂得尊重生活、热爱生活。

变得同样节制的摇滚青年还有很多,如马条的好哥们儿老狼、郑钧等,他多次跟我开玩笑:"真的,你会发现,到头来我们才是最健康的那帮人,网上说的枸杞茶保温杯,讲的就是我们。比谁都养生。年轻时候太躁了。"

《封锁线》是2009年发行的,写这首歌的时候,马条还没意识到,自己的人生也和这首歌一样,不管是在爱情还是在生活里,都需要穿越一道又一道险象环生的封锁线。事业、家庭、理想、爱情、责任,经历了封锁、突破、封锁、再突破。如今,他人到中年,已婚,中产,生活稳定,儿女双全。

这种定在某一处的生活,换作是以前,他想都不敢想。

2022年,马条参加了爱奇艺的一档民谣音乐竞演综艺节目《我们民谣2022》。在这个舞台上,他必须和周云蓬、陈粒、好妹妹、钟立风、小娟、万晓利等二十多组音乐人同台竞演。第二期节目里,他就唱了《封锁线》,第四期的15进9时,他带来的是那首曾被谭维维翻唱过的《给给》,这首歌让电视观众形容他是"最有魅力的柔情铁汉"。

这不是马条第一次上电视节目。2015年,儿子满周岁时,马条跑去参加《中国好歌曲》第二季的比赛,在现场演唱了一首《傻瓜》,打动了刘欢、蔡健雅、周华健等人,最终成为刘欢组的学员。在节目中,刘欢说道:"我们又遇到一位音乐诗人。"

上台之前,马条很忐忑。在摇滚的世界里,上电视意味着某种妥协与投降。可是,他后来到底还是一拍脑袋瓜想明白了:连孩子我都敢生了,还有什么是我不敢做的?

节目一播出,许多人(包括导师)都来问马条:"大家都说你是一个摇滚青年,身上带着艺术家的气质,为什么这次愿意出来参加节目,公开和大家交流?"马条回答得很坦诚:"一是因为我的母亲,二是因为我的孩子。我母亲总问我说,儿子啊,你说你是唱歌的,那我在哪儿可以听到你唱歌呢?有了孩子以后,我觉得我必须为他留下点儿什么。所以我今天站在这个舞台上。"

《中国好歌曲》让马条名声大噪,他开始筹备自己的公司,一切看上去都是那么水到渠成。但按他自己的话来说:"这只是一个人经过漫长的几十年摸索后尝到的一点儿甜头。"

对话马条　　　　　　　　　越过那道封锁线

王秋璎　小时候你对生活的认知是怎样的？

马　条　荒漠啊，戈壁啊，还有我父亲身边的一些军人。

王秋璎　那会儿令你感到印象最深刻的事情是什么？

马　条　自我记事起，我身边就围绕着很多的少数民族朋友，比如哈萨克族、维吾尔族、俄罗斯族、回族，等等。那时我还小，大家在一块儿玩得可开心了。

王秋璎　都有哪些好玩儿的事情？

马　条　十七八岁的时候，我和一帮哥们儿窝在平房里喝酒，外面刮着特别大的风，把石头吹到玻璃上，玻璃被砸碎了，一哥们儿拎着瓶子就出去"寻仇"："谁？谁敢砸我们家玻璃？"

王秋璎　你和老狼是怎么认识的？

马　条　那是很久以后的事情了。1994年，黄燎原在北京展览馆举办了首届"不插电"流行音乐会，我拿着自己写的一些歌去参加演出，认识了吉他手李延亮。那会儿我们都住在鲍家街43号，经常聊天，特投缘，他说挺喜欢我的音乐。后来，他就帮我录了一些demo，引荐我认识了老狼。老狼当时住在军博，离我家也很近，他介绍了好几家唱片公司给我，像红星生产社、大地唱片等。最后辗转多时，又把我介绍给了十三月唱片公司的卢中强。当时卢中强刚签完苏阳和万晓利，准备开启"民谣在路上"的演出。

老狼是我的伯乐，认识他时我还在烧烤店卖唱。他是一个特低调的人，很热心肠，大多数时候给人帮完忙也不让人知道。

|王秋璎|和宋柯是怎么认识的？他在你眼里是个什么样的人？|
|马　条|宋柯也是李延亮介绍我认识的。差不多是在1998年的时候，我把自己花钱录好的六首歌的卡带寄给他听，他觉得不错，就把我喊到公司去了。|

老宋人特好。当时我那六首歌前前后后录了一年，我基本上穷得身无分文了。在麦田办公室，他给了我一份合约，我一看合约上的数字都惊了，他给我开出的条件有十来万块钱。那时麦田签约了朴树、叶蓓等人，音乐总监还是高晓松。我真是没想到自己的音乐值这么多钱，还多问了一句："这钱真给我吗？"他特肯定：

"艺术家就该值这个价!"

王秋璎　宋柯当时为了给你做唱片,把车卖了,你是怎么知道这件事的?

马　条　我签约麦田时他在做"红蓝白",我记得当时我录了六首歌给他,他听完以后大概三天就签下了我。后来,他陪我在录音棚里录完了剩下的五首歌。所以,《高手》那张唱片一共有十一首歌。我还记得一个细节,有一天晚上,一点多,宋柯跑到棚里来,他打车来的,冬天,特别冷。我还纳闷儿,我说你怎么不开车啊,他说我车坏了在修呢。当时公司还在创业期间,需要钱,他周转不过来,为了录我这张唱片,就把车卖了。这是我后来才知道的。

王秋璎　导致你跟海燕分开的一个真正原因是什么?

马　条　《高手》这张唱片录完以后,就被搁置了,一搁置就是十三年。当时我的生活并不如意,租房子住,居无定所,收入也不稳定。海燕对我特别好,但当时唱片这件事让我个人的状态已经回不到当初意气风发的时候了,整个人身上的那股子冲劲儿立马就淡下来了。我的情绪也影响了她的情绪,后来她就决定和我分手,我说那好吧。因为对我而言,我从来不可能真正去为难一个对我特别好的人。

王秋璎　在广州生活那两年大概是一个什么样的状态？
马　条　在广州，我也做过一支乐队，平时就在酒吧唱点儿歌来维持基本的生活。但是那会儿我骨子里还是希望我的音乐能够得到更多人的认可，所以我就拉着他们到处排练。大概在 2006 年，我在广州录了一张自己的 demo，录完以后跟吉他手说，你跟我去北京吧，他说不去，会饿死。我说那好吧，然后我就自己买票回到了北京。

王秋璎　最早的音乐启蒙源自哪里？
马　条　最早也是听一些港台流行音乐，邓丽君、罗大佑、齐秦等。那个阶段自身对音乐其实还是一窍不通的，但就是非常喜欢，后来就非常渴望通过音乐去表现一些东西。

王秋璎　生命中谁对你的影响比较大一点儿？
马　条　我妻子不光让我成了一个负责任的爸爸，终结了我的漂泊感，对我各方面的影响都蛮大的。我妻子非常支持我的事业，帮了我很多，无论是在新唱片还是在生活上，还是在待人接物上，包括帮助我不断修订了我生活中的很多"恶习"。生命中能遇到一个这么伟大的女人，真是蛮幸运的，也蛮重要。因为她，我一下子明白了生活的意义和奋斗的目标。岁月在改变我们，生活在慢慢教会你一些东西，男人可能一辈子都是个孩子，但有个人陪自己一起摸索，真的很幸运。

王秋璎　当时你妻子要出国去进修，你有没有想过挽留她？

马　条　完全没有，我觉得有追求是一件特别好的事。而且我常年过着那种如浮萍一样漂荡的生活，就让我感觉自己是一个穷困潦倒的人，是一个没有明天的人。在感情上，我就从不会去追问另一半"你未来是不是一定要和我在一起"。如果对方主动提出要离开，我也绝不会去挽留。在我的认知里，如果对方和自己在一起感到对明天毫无把握，那么离开才是最好的选择。

王秋璎　以前的生活一直是比较无拘无束的，刚开始结婚的时候，对婚姻生活习惯吗？两人平时一般都干点儿什么？

马　条　丝毫没有不习惯，其实婚前就已经有长达四年的同居基础了，所以婚后的生活就像流水般自然。头两年我们都各自为了工作奔波，我四处演出，她就在高校任教，忙着创办自己的个人工作室。后来我出去演出也会带着她，每次看完现场，她都会给出一些中肯的意见。

我们平时不会特意计划要去做什么，就是平淡生活里藏着真正的诗意吧。两个人常忙里偷闲，浇浇花、听听歌、看看电视、弹琴、画画儿、陪父母唠嗑……生活中一些普通琐碎的小事，我们做起来都觉得很舒服，很自然，津津有味。我还带她去新疆玩过好几次，她特别喜欢那边的风景跟美食。

也许，永远当一个会计就是我的命运，而诗歌和文学纯粹是在我头上停落一时的蝴蝶，仅仅是用它们的非凡美丽来衬托我自己的荒谬可笑。

——费尔南多·佩索阿《惶然录》

尹吾
我不相信

在尹吾的音乐里，人们经常会感受到一种生活的困顿和荒谬，参照他本人的经历，这种困顿和荒谬则上升到了命运本身。命运是个沉甸甸的存在，在每个人身上剐擦，留下切肤之痛。

四五年前，作家黄丽群在《一席》中做过一个名为《大命运上的小机关》的演讲。在这个演讲里，她认为有许多小机关隐藏在人类宏大命运之下，这个小机关又被称之为随机性，一旦改变这个随机性，人类的命运很可能就截然不同。当时，她用日本导演小林正树的电影《切腹》来进一步阐释人生的随机性。看完电影后，我完全理解了她的说法。

《切腹》讲的是一个关于复仇的故事。

在日本实施中央集权的时期，诸侯大名的权力被削弱，很多依附这些大名的武士失业后沦为浪人。故事的主人公就是一名生活窘迫的武士。为给孩子治病，他当掉了自己随身携带的佩刀。但出于维持作为武士最后的体面，主人公又在自己的刀鞘里装上一种用竹片做的刀子。一天，他实在走投无路，不得不想一个法子来筹钱：他效仿当时十分盛行的"敲诈"手段，跑到另一个尚有势力的武士家族门口说要切腹，希望得到一点儿散钱。那时，这样的情况很常见，散钱算是大家对武士忠义之心的敬重。但是那一天，武士家族中的一个家臣忽然就说愿意成全主人公的这份忠义，准许他在自家门前切腹。这下主人公被逼到一个不得不死的境地，最后也就真的死了。

几个月后，一名老武士又跑到这户人家门前来切腹自尽，他是来复仇的。死前，他要求讲一下自己这辈子的故事。原来，此前死去的武士是他的女婿。那为什么他要来此寻仇呢？在很多人看来，女婿的死只是一个随机性事件，他倒霉地遇到一个真的同意他切腹的人。但事实是家臣的一句话改变了女婿的命运。家臣对前来切腹的女婿说："你应该用你自己的刀来切腹，这才是属于武士最后的荣耀。"

骑虎难下被逼到切腹是生不逢时的无奈，是属于武士的宿命，而家臣的那句话，则拨动了人类大命运下那个名叫"随机性"的小开关：早已当掉佩刀的女婿只能用随身携带的竹刀来切腹，那种尖锐、钝感的钻心之痛是所有人都无法承受的，最终他只能在痛苦中选择咬舌自尽。

岳父的复仇，对抗的不是家臣，而是命运。

很多时候，"家臣"这样的角色是不存在的，存在的只是我们的闪念。我们仅仅只是在闪念之下做出的某种决定，就会拨动那个"随机性"的开关，走上跟自己原本人生完全背道而驰的旅程。被打入低谷后，我们也依旧只能用自己微小的力量去对抗那个更宏大的东西——命运。

在尹吾的生命中，有过好几次这样的"闪念"。他得到过一些机遇，随后又迅速与它们失之交臂。

千禧年，在等待首张专辑《每个人的一生都是一次远行》发行的空当，尹吾和几个朋友在北京一起租房。三室一厅的房子里，三个来自天南地北的男人开始研究一些与理想毫不相干的事业，比如炒股和开公司。尹吾和一个中科院博士学会了炒股，那时另一个室友毕业于北大心理学专业，正和几个同学合伙开公司，他也一起入股了。

半年后，钱财散尽，行囊空空，尹吾决定退股。他带着刚来北京时拿在手中的自己创作的音乐曲谱、一本卡夫卡和一把八十块钱的红棉牌吉他返回家乡南宁。那是2001年春运，他想赶回家过春节，当天差点儿就迟到了，后来还是坐了两天两夜的火车，回到了一直在等待他回老家的妻子和父母身边。

后来的事，尹吾很少再去回想：那家他退股的由室友所创办的公司，就是后来58同城的创始公司之一。那些环绕在他身边的旧友，如高晓松、谢天笑、李延亮、窦唯、朴树……有开公司的、拍电影的、得抑郁症隐退的……无论中间境遇如何，但最终都毫无疑问在音乐的世界里走得更远。

2018年秋天，一场名为"那时我们都有梦"的北岛诗会在广西桂林召开，被邀请的嘉宾有北岛、严歌苓、周云蓬，同时也包括尹吾。当天，周云蓬在台上唱了改编自海子的《九月》。尹吾阔别舞台十八年，再次拿起麦克风，他唱的是改编自北岛的《我不相信》。

诗会结束当晚是诗人北岛作品的拍卖环节，压轴作品正是那句人人皆知的诗句："卑鄙是卑鄙者的通行证，高尚是高尚者的墓志铭。"尹吾兴奋地以十二万五千块的价格从长江商学院的一个成员手中抢拍下这幅字画，痛快地支付了四万元定金，并和北岛合影留念。

第二天，尹吾手中的几只股票连续跌停，钱款都被套牢，已无力支付尾款。他打电话给代理商，表示可以靠来年的演出收入来支付尾款。最终，代理商选择把定金退还给他。尹吾说，这是属于文化人的体面。

十八年过去了，上台演出让尹吾登上云端，几只股票的跌停却又让他再度跌落谷底，他脑海里唯一记得的画面，是自己登台前手拿歌词簿直哆嗦。上台后，一句本该撕心裂肺怒吼的歌词因过度紧张在唇边打战。

"我不相信,梦是假的。"

1

尹吾本该是个北京人。

1949年,一个家中开金银首饰铺的北京姑娘家道中落后选择读中专减轻父母的负担,还未毕业,就逢广西卫生厅来招工。为了尽快养家糊口,十几岁的姑娘跟随大部队被时代洪流卷到南方,命运就此改变。

几年后,广西一个小县城的田埂上迎面走来一个穿短裤的农民,将北京姑娘领回了家。1970年,在一家名叫"东方红"的医院里,姑娘生下一个男孩。

男孩取名为尹吾。

每当回忆起父母的婚姻,尹吾会直截了当地说那是"存在于历史既得利益者和牺牲者之间的一场误会",抑或是戏谑地称"母亲是被父亲骗了","一个农民从田里走上来,穿上军装,就骗到一个北京姑娘"。

父亲因国家的建设而获益,母亲因国家的建设而被革命、被牺牲,一个广西人尹吾就此诞生了。

母亲生于北京,葬在南宁。其间,几封书信是与北京唯一的联系。在一个满口白话的环境里,她的一口京腔显得格格不入。生下姐姐时，母亲不到二十岁，没过几年，便已是两个孩子的母亲，开始忍受生活，为生活而牺牲。"母亲一直在过度给予，给予两个孩子和家庭一种充满牺牲的爱。"

直到现在，想起母亲，第一个浮现在尹吾脑海中的是某年炎夏的一个片段。那天，母亲带回两根油条，一家四口兴高采烈地分食着。事后，尹吾问父亲家中为何会有油条，才知晓那天是母亲的生日。"在物资极度匮乏的年代，北京姑娘身在异乡，通过吃一口油条，就算把自己的生日给庆祝了。"

2018年11月9日，这一天，是儿子尹德的生日。尹吾在网易云音乐上线了一首《生于中国》，记录下和母亲有关的一切："今天是儿子的生日，是母亲的受难日。这首歌是对母亲的纪念。几代人的沧桑巨变，这个国家才有了当下的繁荣盛世，丰碑当歌颂，苦难当铭记。"

《生于中国》由尹吾和罗春阳合作谱曲、王昕波后期缩混，歌曲以母亲的生平为线索，串联起中国从1970年到2019年这四十九年的时代变迁。四十九年间，尹吾从愤怒的长发摇滚青年变为温和的胖大叔，在社会身份上也完成了从男孩到男人的转变。

歌曲的制作阵容虽不及十八年前，佀为其进行缩混工作的王昕波是崔健、唐朝、黑豹等成名专辑的录音师，是中国摇滚乐辉煌时期的亲历者。联合作曲罗春阳拥有着广西最老的民谣乐团"新东西"，同时还经营着一个诞生于1996年的同名民谣酒馆。这间酒馆存在的年限,仅次于位于成都的"小酒馆"。

"国家的命运里,浓缩着个体和家庭的命运。这是《生于中国》最想表达的。"

2

1994年,中国政府正式向美国登记发行十亿美元全球债券,上海东方明珠广播电视塔落成,秦始皇兵马俑二号坑开放。24岁的尹吾背上原创曲谱、卡夫卡和一把八十块钱的红棉牌吉他来到北京投靠舅舅,开启逐梦之旅。

在校学医时,尹吾喜欢逛图书馆,爱读小说、诗歌,偶尔也翻翻报纸。在《北京青年报》上,他曾接触过北京艺术圈第一手的资讯:关于崔健的八卦、开在崇文门西大街的马克西姆餐厅、艺术家聚集地画家村……

"北漂"时,尹吾就住在圆明园画家村。20世纪90年代,这里仍是一处显眼的文化地标,聚集着一批画家、诗人和歌手。在这里,尹吾见到了自己的音乐启蒙者崔健。"那时年少懵懂,对音乐的认知也比较浅,直到在《通俗歌曲》的杂志彩页上看到崔健。照片上,他身穿军装,头上扎块红布蒙住眼,吹着小号。心里一下子就有什么东西被唤醒了。"

听完崔健的音乐后,尹吾循着乐声来到了画家村。

画家村位于圆明园公园南面福缘门社区,每月房租两三百块钱。社区南边是北大、东边是清华,内部坐落着一间间平房。这片土地隶属当地农民,是一个"雅俗共赏"的地方。除了如今早已如雷贯耳的栗宪庭、方力钧、岳敏君、王音、朴树、零点乐队、崔健等艺术家,这里扎堆最多的是菜农、浴池中心老板等。

尹吾的住处是一户村民在院内搭建的煤棚,每月房租两百块钱,屋子极小,进门就是床,没有厨房、厕所等基本设施,要想如厕,得跑到外边的公共厕所排队。六年间,尹吾和从山东来的谢天笑做了邻居,跟着秋天的虫子乐队四处溜达,和住在清华北门的水木年华的卢庚戌一起吃饭、去清华参加舞会。多年后,他回忆起这段往事,曾笑着调侃"当年老卢太帅了,舞会散场,姑娘都跟着他走了"。

在北大食堂排队打饭的间隙,尹吾写出了《你笑着流出了泪》。"活着就是受罪,活着就得劳累,活着就是互相折磨,活着就是不对……活着还得互相安慰,活着就会憔悴。"

在北京,尹吾听过不少好音乐,像披头士、滚石、鲍勃·迪伦。他将这些磁带收藏起来,整齐地码进某个箱子里。受 *Blowin' in the Wind* 中文歌词的影响,他写下《或许》,并将其排在专辑的第一首。

"一个人要把肉身放在岁月的砧板上煅打多少次,他的心才能坚冷如钢;一个人要让泪水浸泡过多少次,那他的眼神才不会迷惘。或许我们追求了一生,仍要从追求本身寻找;或许答案不在远方,而在你我的心上。"

3

  听音乐是幸福的,做音乐是痛苦的,但没想到,会疼痛至此。
  如许多像我一样平凡的人们那样,除了每天干活、微笑、散步、向坏人致敬、为鸡毛蒜皮烦恼,在许多孤寂的夜晚,我偶尔也会陷入漫无边际的回忆,陷入那些时间之水流经我的脑海时留下的一个个小小的漩涡。每当此时,我的喉咙里就不由自主地涌动着一些记忆沉闷的声器,它们应该就是我笔下的这些歌曲最直接的来处了。
  这些歌曲的式样或许比较老旧了,现在听到的这几首的录音有着那么多的瑕疵和遗憾,但是我想,音乐的意义,不仅在于取悦我们的耳膜,更在于它能通往我们的心灵,这应该也是能让我支撑至今的原因之一。
  ——尹吾《每个人的一生都是一次远行》

尹吾的音乐梦一做就是六年。

2000年,他已三十而立,终于挨到发行自己人生中的首张专辑《每个人的一生都是一次远行》。专辑几度易主:从大地唱片、红星唱片、正大国际,再到由高晓松和宋柯共同创立的麦田音乐。

1996年,《青春无悔》正火。仅比尹吾大一岁的高晓松一眼相中了他。作为麦田音乐签约的第一位艺人,尹吾的这张专辑被并进"麦田三原色"中,作为最醒目的一抹"红"存在。

最终,"红白蓝"三部曲只有白色和蓝色是由麦田音乐发行的。白是忧郁的朴树所演唱的《我去2000年》;蓝是烂漫的叶蓓所演唱的《纯真年代》;红是尹吾东拼西凑借到五万块钱自费做出来的,由新蜂唱片发行。从1996年的模拟录音到1999年的再次录制,中间一度有过三年的搁置期。

尹吾成为那抹被抛弃的红色。许多年过后,一个生活在江西的摇滚青年张罗着将这张专辑刻出一个黑胶版。

《每个人的一生都是一次远行》汇聚了20世纪90年代音乐行业内最顶尖的资源:吉他手是超载的李延亮和眼镜蛇的肖楠,贝斯手是零点的王笑冬,鼓手是鲍家街43号的赵牧阳,键盘手是指南针的郭亮,口琴是有"中国口琴第一人"之称的杨乐。

在此之前,它的"难产"程度却超乎所有人的想象。

专辑发行后,尹吾在前言里这样写道:"一盘录有自己歌的磁带,在少年时,或许只代表一个色彩斑斓的梦幻,来北京后,则逐渐变成了一种责任,因为它耗费了那么多的年华和钱财,承载了亲人们那么多的帮助和期盼。而到现在,却已是一个既抽象又具体的象征了,一个与异己的命运殊死相拼的象征。"

这是一张与诗歌渊源颇深的专辑。《请相信》和《我不相信》分别来自舒婷与北岛，像是某种微妙的互文。1984年，21岁的诗人梁晓明在参加浙江省作协的一个大型诗歌朗诵会之后即兴创作出一首《各人》，被尹吾以李宗盛般的念白和崔健式的通透唱了出来。

专辑中无论如何也绕不过去的一个诗人是北岛。《回答》《雨夜》《红帆船》几首朦胧诗被尹吾相继揉进一首《我不相信》里，而被揉进《请相信》里的则是舒婷的《这也是一切》："不是一切种子，都找不到生根的土壤；不是一切真情，都流失在人心的沙漠里；不是一切梦想，都甘愿被折掉翅膀。"

2001年冬，尹吾决定离开北京，带着唯一一张没什么水花的专辑。走的那天，他再次想到母亲，想到母亲家里那间曾位于最著名的商业中心大栅栏、同仁堂总店对面的金银首饰铺。如果那天，母亲家的首饰铺没被没收，她的命运会如何？而自己又会是怎样的存在呢？他逼迫自己不要去思考这个伪命题。于是，他又想到母亲送给自己的那把价值三百块钱的贝斯，那是人生中所拥有的第一把乐器。20世纪90年代初，一个普通工薪阶层的月工资只有几十块钱，最多不过两百块钱。母亲毫不犹豫地拿出这样一大笔钱，只为成全儿子飘忽不定的爱好与梦想。

此刻在家乡，有另一个女人等着他，随时准备为他和他们的这个家庭去牺牲，那是他的妻子。两人曾是念医学院中专时的同学，1996年，尹吾签约麦田后，两人领证结婚，从1990年相恋到结婚，历经六年的爱情长跑。

归家后，妻子为尹吾生下一个男孩，他带着一起唱歌，展开一场父子间的对话。歌曲《做更好的男人》改编自英国歌手罗比·威廉姆斯的 *Better Man*。

"作为一个男人，尝遍千种的苦、万种的艰难，那是必经的历程。生活总比理想多了些什么，或少了些什么，难以完美。从来没不须付出的得到，幸福要一砖一瓦地建造。有个声音对我说，to be a better man（做个好男人）。"

4

回到家乡南宁后，尹吾的身份变得很多重：徘徊于股市的股民、种植草莓的农场主、兜售药品和螺蛳粉的老板、创办少儿乐器培训学校的校长，以及一个孩子的父亲。

出去谈生意时，在酒桌上，他不给人发名片，很少自我介绍，更不会张口说："我曾经是一个歌手。"三杯黄汤下肚，他摸摸圆润的啤酒肚，腼腆地笑笑："我今天真就是来打酱油的。"

尹吾早就不听音乐了，即使网络歌曲和彩铃变得无孔不入。他家里没有播放音乐的设备，开车时也从不放广播，更别提什么音乐电台。那张倾注六年青春和心力的唱片，放在家里某个不起眼的角落蒙尘。那十八年里，卡拉OK包厢是生命中唯一有机会登上的舞台。

在21世纪的现代生活中，音乐的种类多种多样，听音乐的渠道日益多元，但到了尹吾这里，音乐反而更加像是一种时代的背景和噪音。记忆中，和音乐相关的两段记忆：一段是2009年在路边的小店听到了汪峰的《春天里》，另一段是2017年走在街头听到了朴树的《平凡之路》。

中间相隔整整八年。

在距离北京2400公里开外的南方小城，尹吾炒股、售药、卖草莓、开学校……挣扎在一种最世俗的生活里，领悟着社会达尔文主义式的优胜劣汰。这样的生活和《每个人的一生都是一次远行》诞生前无异。筹备唱片时，他在酒吧卖唱，去市场当搬运工和三轮车夫，为生计东奔西跑。宋柯曾说："尹吾更像个民工。"

尹吾最喜欢的作家是卡夫卡，专辑里的一首《出门》便是来自他。"卡夫卡的困境就是现代人的困境，他是最早感受到时代的复杂和痛苦的人，并且把人类异化的这种处境跟现实揭示了出来。"去世前两年，卡夫卡创作了一篇名为《地洞》的中篇小说，放大人类对生存环境的警惕、恐惧与担忧。"即使从墙上掉下的一粒沙子，不弄清它的去向我也不能放心。"

面对命运、时代和生存，每个人都在劫难逃，每个人都是《变形记》中变成甲虫的格里高尔。

从广西中医学院（今广西中医药大学）药学系毕业后，尹吾就深刻地意识到这一点。他感到，每一代青年的选择被这个时代所裹挟的成分是巨大的。五四时期，国家的青年要去救亡、抗日，建立一个新的国家和制度，到了现代社会，青年们的目标则变成要获得成功，要出人头地。

"现代生活的价值观非常统一，要有尽量多的储蓄，要物质财富极其丰厚，你才有可能证明自己活得足够体面。"

5

疫情前，《每个人的一生都是一次远行》的发行方新蜂音乐找到尹吾，给他转了一笔钱，并附言："数字音乐正版化了，这是你的版税，收一下。"他半信半疑地下载了一个网易云音乐，跑到上头一看，真有自己的歌，而且就和朴树放在同一个歌单里，其中一首《请相信》还被网易公司创始人丁磊点赞，他说尹吾是"真心不错的歌手"。这条评价被顶上热搜，这首歌因此也得到推荐位，收获不少点击，顺带着，他的其他作品的点击量也跟着上去。

眼前的这股势头，让尹吾内心有了波动："体内的某个东西似乎正在复苏。"他陆续上传了几首近作，有改编自韩东诗作的《抚摸》，也有写给自己的告白书《我爱你》，还有那首被巡演搭档罗春阳定义为"时代史诗"的《生于中国》。

尹吾决定带着这些歌出去走走看看，也算是对这么多年仍记得他作品的听众进行一次回馈。巡演的主题，就定为"生于中国，走遍中国"。

巡演走过五十多座城市，在台上，再唱起那首改编自卡夫卡的《出门》时，尹吾仍旧会感到内心一阵抽痛。

"旅途是那么的漫长啊，如果一路上我得不到东西，那我一定会死的。什么口粮也不能搭救我。幸运的是，这可是一次真正没有尽头的旅程啊！"

在成都，一个前来看演出的姑娘给尹吾留下了深刻印象。"那是一个女孩，没打扮，打开专辑，叫我帮她签字。"女孩叫他帮忙签下的正是《每个人的一生都是一次远行》中《好了好了》的歌词。

"我既不成功，也不自由。"

尹吾写下这几个字的瞬间，女孩告诉他："30岁之前还想着争取争取，现在什么都无所谓了。"刹那间，两个灵魂在空气中交会。

等待签名的队伍很长，尹吾埋头写字，无暇与她多进行深入交谈。签售环节结束，他试图主动跟那个对生存和生命不抱任何期许的女孩打个招呼，但她早已随离去的人潮涌入夜色中的街头。

那是2019年。巡演期间，尹吾发在网上的几首新歌大部分是改编自诗歌的旧作，其中一首翻自莱昂纳德·科恩于

1984年创作的收录于 *Various Positions* 中的 *Hallelujah*。这首献给上帝的赞歌被尹吾用来赞美生活。

"生活是永远艰辛,愿你历遍这山河,仍从心底里赞颂人间值得。"

如果还有机会见到那个陌生的女孩,尹吾也很想这样告诉她。

独立歌手与中年股民

我以为尹吾会活在某种巨大的落差里：远离文化中心北京，褪掉独立音乐人的光环，失去谈论文化、音乐、艺术的土壤，回到边陲小城，挣扎在主流价值观的评价体系中，一面试图逃避自己的欲望，一面又渴望满足他人对自己的期许……

这种落差，我们每个人都似曾相识。它源自我们所处的环境。这环境诚如易卜生所言："每个人对于他所属的社会都负有责任，那个社会的弊病他也有一份。"

当我问尹吾是否察觉到落差的存在时，得到的答案是否定的。关于时代与个体命运，他更喜欢莎士比亚写在《辛白林》扉页上的那句："我们命该遇到这样的时代。"

"人没有选择时代的权利，却有属于自己的主观能动性，他们可以自我成就。"

眼下，尹吾的痛苦是真实的，也是具体的：作为身处食物链底层的中年股民，抑郁的情绪随股市的升降而起伏。然而无论是作为病症的抑郁症，还是代表经济发展的股市震荡，都不是人为可以控制的。

这些年，对于采访，尹吾来者不拒。他认为时隔多年还有人把这几首歌放在心上，是值得欣慰的事："一般会尽量配合人家。"过去几年,还有一个团队跟着他拍摄了一个纪录片,最终因无法过审而未能面世。

面对记者的一系列发问,尹吾的状态是敞开的,有时还会喝上一点儿酒:"我没有什么不可以说的,人的本质是生物,是显微镜下的分子,没什么好遮掩的。"

当问及他在南宁做什么,是否还听音乐时,只换来一声苦笑。

"生活里要操心的事情太多了,这两年股市也跌得厉害。"

对话尹吾　　　　　　在自己身上克服这个时代

王秋璎　在巡演现场,你多次提到自己的作品是"被另一个价值体系的人所喜欢和推崇的"。

尹　吾　我的听众对于音乐这个形式本身可能没那么在意。因为我的音乐并不是太规范,有点儿荒腔走板,听觉上的审美感受不强烈,技术上甚至存在粗糙之处和一些瑕疵。所以,他们从我的作品中感受到更多的可能是一种精神内核。

王秋璎　再具体点儿?是一种什么样的精神内核?

尹　吾　懂得独立思考,对生活有更敏感的触觉,有自己的价值观和生活态度,但这种价值取向在现实中几乎与痛苦同义。因为他们从骨髓里拒绝各种体制的灌输和同化,但又不得不在这样的体制下生活着。

王秋璎　也就是说,他们能够感受到音乐作为一种精神产品的价值,是人群中的"少数"。

尹　吾　通俗点儿来说,就是文艺青年吧。我觉得文艺青年的内核是"青年知识分子"。他们的知识结构和精神世界跟普通大众是有所区别的，不是说对立，而是说有所区隔。这个区隔就跟现实世界里的贫富差距是一样的，而且它更难调和。金钱上的贫富可以通过努力去弥补，但精神上的差异很难。

王秋璎　有一种典型的说法，我觉得很适用你说的这种人群中的矛盾——人与人之间的审美差异是比阶级差异更深刻的，而且每一代文艺青年之间的思想差异也是巨大的。

尹　吾　每一个文艺青年从启蒙到最后能够成熟地搭建，以及完善自己的精神世界都会有一个循序渐进的过程。像当下这一代，他们的知识结构和思想跟周边的人还是会有所区隔，但可能要把自己的想法系统理论地表达出来，又缺少一点儿成熟度，都会有一个过渡阶段。我想表达的是，哪怕在知识分子群体里面，也会存在精神上的贵族，他们会有层级差异，会带来不同的精神产品竞争需求。

王秋璎　总的来看，在现代社会中，文艺青年可能依旧是人群中的少数。

尹　吾　确实。

王秋璎　那你对自己的定义是"小众"吗？或者说你怎么看待这个"小众"？

尹　吾　音乐产品跟其他普通商品一样，越高端受众就越少，对吧？（大笑）像奢侈品、金融产品，消费层级越高，需要的精神储备就越高，需要的人数就越少。

王秋璎　这些年，母亲对你的影响很大。

尹　吾　我们这代人可能都受母亲的影响比较深。像我们家，一个非常传统的中国家庭结构，父亲很严厉，动辄训斥、体罚，但母亲的形象永远是和睦而慈祥的。而且我母亲对我可以说是"溺爱"了，否则不可能在那样一个家庭条件下还给我那么多钱买乐器、做音乐。

王秋璎　《生于中国》的创作起点就是母亲。她的一些际遇会是你音乐中某种抗争精神的源头吗？

尹　吾　每个作者都会有一个属于自己内心的情感支撑点，这个点会让他有表达冲动，这种冲动是自然而然的。我的支撑点在我母亲这一块才是最强烈的。这种强烈某种程度上也和我们国家的历史息息相关。

王秋璎　待在老家这些年，你压力很大。这些压力源自哪里？生存吗？就是很世俗意义上那种，比如说赚钱养家？

尹　吾　我们国家过去几十年只做了一件事，就是现代化。人活在一个已经完成了工业化、城市化的国家，基本生存是没问题的，但个人心中对财富的定义或者他人对你所谓社会地位的认可到什么程度，其实来自个人内心的差异。我的压力也来自这一点。整个社会都在说你应该成功，尤其作为一个男人，像从前媒体宣扬的那些创业英雄那样。这种价值观会一直笼罩在你周围。尤其我生活在一个边陲小城，不是生活在北上广那种价值观相对多元的环境中。在我所处的环境中，身边就只有成功这一种价值判断，我也难免被同化。

王秋璎　妻子对你的价值判断是怎样的？在音乐的世界里，你们交流多吗？

尹　吾　我妻子是一个普通的职业妇女，她的音乐喜好也是偏大众化的，对我的作品她很难理解，或者说理解得朦朦胧胧吧。我们在音乐上没有什么太深入的交流。

王秋璎　大部分创作者对婚姻的认知会和普通人有些不一样吧。

尹　吾　一个人能和另一个人在一起这么久，一定是源于爱情。但是婚姻，或者说家庭，它跟爱情很难捆绑在一起来讲。对一个创作者而言，他内心对婚姻、家庭、爱情一定会有一些自己的思考，甚至会和非文艺创作者有所差异。婚姻是一项必须要完成的基本义务，并不一定出自某种特殊的、崇高的、深刻的情感。我想大多数家庭的建立都来自人的本能，一种生物的本能。但人跟生物总是有所区别，人有属于自己的精神世界，两个人有相互的精神依存才能结合在一起，才能在一起生活。我和我妻子的共同点会大于差异点。

王秋璎 《做更好的男人》更像是父子之间的一场对话，你怎么看待家庭教育？会怎么去教育你的孩子？

尹　吾 教育就是把我们这一代所积累到的知识传递给下一代，有些父母会把一些错误的知识传递下去，那就叫成见。在我年轻时，处在一个物资匮乏的时代，父母除了努力挣钱以求温饱外，并不太在乎孩子的精神世界，更无法向自己的孩子系统地去讲解"人"究竟是怎么一回事，"自然"是怎么一回事，"社会"又是怎么一回事。更没有人告诉我，什么是生命的真相，只能通过自己不断摸索、试错来学习，那个成本就很高，代价也很大，所以在我孩子十五六岁刚开始发育，有一点点思考能力时，我就会有意识地去做些教育引导工作。

王秋璎　网易云音乐上的乐迷说你是"男版花粥",你们之间有过合作吗?

尹　吾　我们的音乐之间的确有共通性,一是旋律简单,二是精神上要表达的那种东西是有一点儿类似的。我们有过一次电话聊天,那时我想在网易云音乐上做一档电台节目,邀请一些音乐人来对谈。我觉得现在这个时代去做一些精神产品的话是相对好的,制作门槛降低了,传播也相对容易。2019年,我跟花粥聊过一期,但是没有能够聊得很深入,后面就浅尝辄止了。

王秋璎　国内你比较欣赏的独立音乐人或者乐队有哪些?

尹　吾　有不少人像灯塔一样给过我指引,比如罗大佑、崔健、李宗盛等。同时代里这一批的话,就是朴树、汪峰。他们的音乐本身音乐性足够,旋律好听,且传递出的精神也不庸俗,而且有一点儿自己的独立表达在里面。

王秋璎　在你现在的人生阶段,音乐对你来说意味着什么?

尹　吾　此时此刻我都没有去想过这个问题,因为眼前生活中最紧迫的问题还是股票问题,尤其这两年,行情很不好，我每天都担心自己是不是要破产了，脑子里完全无暇顾及其他的规划。

王秋璎　炒股这件事对你来说是一个单纯的生存工具，还是说你也能从中获得某种快感、成就感？

尹　吾　快感肯定谈不上，因为挣钱的时候非常短暂，大部分时候还是很压抑的，我也一直患有轻度的抑郁症，在北京时就有，所以整体上也还是做得比较痛苦，但是没办法，这就是自己选择的一种生活方式、生存策略，因为再没有别的所长。

王秋璎　那在这个过程中所收获的是什么呢？

尹　吾　知识。通过股票去理解一个上市公司，理解一个行业，理解国家如何去运转，这个时代怎么去运转……通过股票，我获得了在宏观经济和微观经济方面的一个知识的构建。

王秋璎　形容一下你这两年的生活状态？

尹　吾　惶惶不可终日。这两年股市这么动荡，每一天都在抗争，当然不只是我一个人是这种状态，这个行业里的每个人都是惶惶不可终日。

南无乐队

摇滚中有禅

1

南无乐队的音乐像一锅四川冒菜,鲜香味浓,生命力强,江湖气重,滋滋往外冒着热气。它可以出现在任何一个接地气的地方,路边摊、小苍蝇馆、大排档……一大盆端上来,无论你想要什么,用筷子扒拉几下,总能在里面找着,荤素皆宜。

主唱刘相松曾不止一次强调,希望他们的音乐不要受到任何风格的限制,全凭尽兴:"就连(乐谱中的)十二平均律都不是铁定的,科学技术也会有漏洞,为什么音乐就非得固定在某一个范式内呢，未知数太多了，可能性太大了。"

无论在《中国好歌曲》还是《乐队的夏天》的舞台上，他们的作品《春来了》都是独树一帜的存在。前奏一起，听众立刻可以感受到一只小狗在油菜花地里高兴地打滚的情景。春天，万物都是有声音的，柳芽抽条、百花绽放、燕子、蜜蜂、青蛙、微风、白云，被有序地编织进民族唱法中。有听众曾评价这种喜悦的风格，就像是"看到流氓跑去参加作文朗诵"，说他们的音乐是"富有中国美学韵味和青年幽默特色的杂交再生品种"。

早几年，刘相松在北京二环的平房里租房住，和胡同里的人共用一个公共厕所。一个冬夜，他被尿憋醒了，爬起来连外套都没来得及披就往厕所里钻，刺骨的寒风扑面而来，一下就把他给冻醒了。"从来没有那么渴望过春天。"

于是，春天来临后，就有了《春来了》。

在《乐队的夏天》中，吴青峰给这首歌打出了满分。他说："这种说不出来的风格反而是我最喜欢的，不管是演出还是穿着，甚至他们的说话明明突兀到极点，但是有够和谐。"

2

如果把自己想象成一个具象的人，南无乐队希望自己是"传统又叛逆的""会外语又神秘的"。

这支乐队诞生于2007年，它的前身是一支校园乐队，起点是主唱兼主音吉他手刘相松。

刘相松是个童星，出生于东北，成长在山东。10岁时，他写了一首《青春痘》，登上山东电视台的大舞台。因为同样有东北"血脉"，媒体常将他的唱腔和二手玫瑰做比较："连梁龙自己都说我们完全不一样，南无乐队不是单纯唱戏曲，也不是标新立异，而是把戏曲成分真正融入民族唱法里。"关于这种风格，刘欢曾经给它下过一个定义，叫作"中西融合"。

刘相松最早是学古典吉他的，将要从四川音乐学院毕业时，父母说："这玩意很难养家糊口，学门能挣钱的技术才是硬道理。"当时家里正好有人做园林工程，父母就劝他去进修，说以后没准儿能跟着承包点儿园林工程来干干。2007年，刘相松来到北京林业大学，打算"干点儿实际的"。

在学校，看到有人弹吉他，一切又开始变得不受控制。"不管跟音乐还是跟南无乐队，都是狭路相逢。"几个一无所有的年轻人，找了间潮湿的地下室，开始玩乐队。那会儿，刘相松很少看电视，对乐队也压根儿没概念，只知道几个人聊得来。民乐手是在林业大学的年终晚会上认识的，节奏吉他是在吉他社教出来的。当时刘相松还在校吉他社教人弹琴，上课第一天，一个姑娘拎着一把价格不菲的琴来了，但弹得"稀碎"（北方方言，很不好、很烂）。

"我寻思我得好好教教人家啊，这教来教去就教成了我的乐队成员。"

早几年，每回演出，台下听众就稀稀拉拉几个人，场场都赔钱，拿到的费用有时连车马和口粮都不够。"要是哪天演完了吃面的时候，能要上几个烤肉串，就已经高兴坏了。"

2009年，刘相松咬咬牙决定将校园乐队转型为职业乐队，他给大家提要求："说好的要职业啊，你们可不能背着我偷偷出去找工作。"话音一落，其中三个乐队成员落荒而逃。

因为音乐理念、性格等，不少乐队都经历过打散或者重组的道路，像野孩子、达达等，南无乐队也不例外，在十多年的音乐历程中，经历过几次换血，才变为现在相对稳定的人员配置。2015年，郭倍倍和李斯离队，组建属于自己的新乐队"鹿先森"。

目前，南无乐队一周见面排练一两次，练完就约着去喝酒，氛围很融洽。乐队里合作最久的成员是"吉祥物"张硕，他是乐队的小打击乐手，也是刘相松在四川音乐学院的同门。

3

南无乐队有一份光鲜的履历。他们是继"天后"王菲"2009年法门寺佛指舍利安奉大典"开唱之后登上法门寺一周年纪念演出舞台的摇滚乐队，曾为李少红版《红楼梦》重新演绎过乐队版《好了歌》，被影帝夏雨盛赞，是第五代导演张元的拍摄对象。

但在《乐队的夏天》中,这是一支有争议的乐队。1对1选战时,刺猬乐队因"不服"南无乐队,选择和他们对战。最终,南无乐队改编了一首张杰的《天下》,并在其中融入很多属于乐队自己的特色,如铜锣、黑嗓、中国鼓等。

制作人张亚东并不看好这次改编,认为张杰是典型的流行音乐歌手,他的作品被改编成摇滚乐仅仅是在里头加民乐显得太过表面。"可以改一两个音。"

摇滚乐并不容易把握。即使发展到今天,作为一种音乐类型,它也没有一个能为绝大多数人所认可的统一定义。当大家谈论摇滚乐时,似乎更多的是在谈论一种摇滚精神,愤怒的、自由的、独立的、抗争的。

今天,南无乐队也常常要面对同样的考问:"你们做的究竟是不是摇滚乐?"

"当大家听完后感到悲伤、愤怒的就叫摇滚乐,高兴的、热情的、活泼的就不是摇滚了?没有高兴哪来的愤怒?这两种情绪是相对的,也是处在同一条线上的。"生活中,乐队成员都是一群非常快乐的人。贝斯手苏磊是一个奶爸,日常行程就是负责管理孩子和媳妇,捎带再管理一下自己的服装品牌。节奏吉他手张岚爱好养花、遛狗……

刘相松从小就信佛,认为"佛教音乐是最极致的摇滚乐",所以他选择将佛经融入音乐中,希望创作出一个新的杂交品种——摇滚禅乐。在《一天听禅》和《心经》中，听众多少能感受到一些痕迹。

摇滚禅乐或者说禅意摇滚，在摇滚歌手的创作中并不少见，像窦唯、郑钧、许巍等人都做过类似的尝试。年轻时热血冲动，一旦遇到看不惯的人和事就会愤怒，试图用呐喊、用比较张扬的方式来解决问题和宣泄情绪。"创作是一种自我净化，那些暴戾被一点点地排挤出去，剩下的就是一颗安静的赤子之心。"

这是摇滚中的禅意。

对话南无乐队　　　　　　　　唯乐不可以为伪

王秋璎　中间有将近两年的时间没有巡演，这两年在做什么？

刘相松　做了一次小型的国内剧场巡演和摇滚佛教专场，录制了一些电视节目。最重要的是，发行了第四张录音专辑《如一》。最近我们做了一首"电子数来宝＋佛系迪斯科"的翻唱版《月圆花好》，相比之前，应该算是很大的一个风格突破了。

王秋璎　《如一》的封面设计是一圈相生相克的五行？

刘相松　因为在乐队十周年的时候发行，意味着从一到十，再由一重新开始的轮回，也喻示着乐队每个成员之间相互制约又彼此支持的微妙化学反应吧。

王秋璎　所以其实"如一"真正的含义是？

刘相松　十年如一，始终如一。

王秋璎　《如一》中的《送情郎》是从一个女性视角出发创作的，灵感源自哪里？

刘相松　这首歌描述的是反战。可能大多数反战歌曲都是从儿童的角度出发，南无乐队的这首《送情郎》和市面上大家比较熟知的相声版本、民歌版本都不太一样，选择的是新婚之际即刻面对离别的小夫妻角度，描述了新娘不愿也不舍新婚丈夫出征，但又期盼他为国争光凯旋的故事。

王秋璎　《送给成年人的摇篮曲》也挺有意思，虽是摇篮曲，但开头前奏选择的是较为明快的鼓点和节奏。

刘相松　从歌词"别争权，也别争名，愿你淡淡地过一生"就能看出，这是一首献给成年人的摇篮曲，特别是献给现在压力巨大的"80后"。所以我们选择的是铿锵有力的节奏和鲜明清晰的字眼，目的是鼓舞人心和释放情绪。

王秋璎　这张新专辑里你们自己比较满意的作品是哪首？哪首现场演出效果比较好？

刘相松　乐队自己比较满意的是主打歌《神仙》，既保留了我们原有的嬉笑怒骂的风格，又附带了一些神秘感。现场反响最好的一首是《你的模样》，据说要超越《封存自己》了。音乐响起时，大家都在回顾1999年的自己在哪里、和谁做过什么。可能是在互相依偎寻找回忆，也有可能是在缅怀、告别。

王秋璎　新专辑的巡演现场有什么有意思的事发生吗？

刘相松　6月我们走了六个北方城市，其实就是去会会老朋友、新朋友。我们更期待的是11月，西安、成都、重庆、南宁、广州、深圳、厦门、温州、上海、南京、武汉。这次南巡很多城市对于我们来说是新鲜的，短时间连刷十一座城市对我们来说也是一个非常大的体力挑战，这在之前的巡演是从没出现过的，我们也很期待。

王秋璎　《乐队的夏天》之前就曾经上过音乐类综艺节目，像《中国好歌曲》。

刘相松　对。能在更高、更好、更大的舞台上展示南无乐队的音乐，让更多的人听到，或许能因为某句歌词而轻松释怀、感动，这当然是好事情。除了能从歌迷处得到反馈，用各种经历去磨砺自己的团队，还能结交更多的朋友。

王秋璎　现在很多独立的歌手或者乐队愿意同主流舞台触电，传唱度也会更高。

刘相松　只要是好音乐，就值得被更多的人听到。

王秋璎　之前对自己的定位是做"平民摇滚"。那么,什么是"平民摇滚"?

刘相松　就是谁都可以听、谁都听得懂的摇滚乐。

王秋璎　谁对你们影响比较大一点儿?音乐上的话。

刘相松　Dire Straits（1976年成立的一支英国摇滚乐队）、Sting（斯汀,英国男歌手）、BABYMETAL（2010年成立的一支日本流行金属乐队）。

王秋璎　"南无文艺"现在是你们的标签了。具体是在什么时候开始形成的?怎么去定义它的特点?

刘相松　这个说来也巧。每一次被问到"南无乐队是什么风格"的时候,我们实在没有办法从现有的风格词汇里准确找到这样的定义,于是便定义为"南无文艺"。

王秋璎　你们的音乐现场感染力太强了,并且掺杂着一些表演成分,这种风格也是你们慢慢摸索出来的?

刘相松　为什么要听现场,就是感受近距离的表演和互动,所以在现场就算是同一首歌,每一次的演出状况都有不同。比如我们有一首《再见吧,姑娘》,每走到一座不同的城市都会让大家用当地的方言去参与到歌曲的演绎中;再者,各地的朋友对舞台表演的反应也是不同的，有狂野的，也有内敛的，这给我们带来不同的经历。想听最完美音质的音乐的话，在家准备一个好的耳机和设备就能独享啦。

王秋璎　《乐记》中有一个重要的美学命题叫作"唯乐不可以为伪"，你们怎么看？是不是意味着做音乐要有绝对的真诚？

刘相松　音乐确实不可以作假，但也还是存在假音乐的问题。不是真诚而有质量的都不能叫音乐。在这个真伪难辨的时代，"从心发声"才是关键。

王秋璎　对自己的受众有预期吗？希望遇到怎样的听众？

刘相松　真诚大气、不做作、不讨厌吧，这样的听众都很美。

人要往前走,就要从根源寻找营养。

——苏阳

苏阳

聆听土地的声音

1

苏阳迷上音乐，是因为一个叫罗大佑的男人。一天，一个鼓手朋友向他推荐一个现场演出，演出中有民乐，中间是青春舞曲，鼓手打大鼓也特别让人震撼。那是罗大佑20世纪80年代在台北举行的一场演唱会。苏阳看着舞台上的罗大佑，激动得不行，决定去北京学吉他。

1999年末，苏阳受邀去宁夏体育馆参加"世纪狂飙——中国摇滚势力演唱会"。这场演出后，他解散了自己组建的透明乐队（银川第一支摇滚乐队），赶赴北京加入北极星乐队。出发前，苏阳在朋友家中听到一句民歌："宁夏川，两头尖，东靠黄河西靠贺兰山，金川银川米粮川。"这句歌词与他眼睛看到的完全不一样：宁夏除了银川称得上是"金川银川米粮川"，其余地方大多干旱缺水、寸草不生。

他灵机一动，将这句词改编成一首民歌，歌词也变为："糜子黄，山丹丹花开，黄河的水流富呀吗富两岸，盼只盼那个吃饭不靠天……地当床，天当个被被，血埋在地下长出个并蒂莲，中卫城的丫头子固原的汉……"既写美好风光，也提到丰收愿景。

2003年，苏阳和乐队租下一间老人棋牌室，举办了一场茶馆演出。在演出中，他把这首改编后的《宁夏川》唱给当地的老人听，收获阵阵叫好声。后来，他想过每天早晨跑到银川西门桥头早市去唱歌给当地市民听，音乐从土地中来，再把它归还给土地上的人民，创造"离人群最近的声音"。种种原因使此事一直未能成行，算是他心中憾事一件。

那首著名的《贤良》，也改编自20世纪60年代在村里流传的一首民歌。一次，在西吉，苏阳结识了宁夏花儿传承人、西吉酸刺村的书记马少云，哼起某段旋律，才从他口中得知这是《十劝人心》："天上有个北斗星，月亮跟上个太阳了转，天凭日月地凭人，人留子孙树留根……一劝人心娘老子听，娘老子好了儿孝顺……二劝人心弟兄们听，弟兄们好了家甬分……"歌词是劝诫人与人之间要友好和善、互敬互爱、孝顺长辈的意思。

到北京后，苏阳的收获有二：一是听音乐，二是喝酒。一次机缘巧合，他得到一盘翻录磁带，一支国外的乐队，纯英文。他翻来覆去地听，爱不释手，很多年过去，才知道那是20世纪80年代最成功的英伦摇滚乐队Dire Straits（恐怖海峡）。

酒是刻在西北人骨子里的基因，尤其是白酒。刚到北京，苏阳就四处约人喝酒，只要没演出，他就在酒桌上，最高兴的事就是有朋友酒吧开业，因为可以堂堂正正地喝大酒。又浓又烈的白酒喝了几十年，喝出了胃病，苏阳才意识到自己也许该换换口味了。但这东西就跟他的音乐一样，是骨子里的基因，不好改，也改不了。

2

苏阳1969年出生，只比贾樟柯大一岁。他喜欢《站台》这部电影，觉得跟自己特亲近。早年间，苏阳逃学、打工，被工厂开除后，开始去河南走穴，坐着牛车跟拖拉机在各个县城里跑，拆舞台、装舞台、表演唱歌……这些经历都和《站台》中的主人公如出一辙。

8岁那年，一觉醒来，苏阳推开门，发现眼前的世界从郁郁葱葱的南方小镇变为土黄色的平原，他也随父母从浙江迁徙至宁夏。

银川东靠黄河，西靠贺兰山，苏阳一度觉得这片土地和荒漠没两样。大漠滋养出不少具有本地特色的独立音乐人和乐队：布衣、麦田、赵牧阳、马潇……

在个人文集《土的声音》中，他这样描述自己成长的地方："20世纪80年代的时候，银川只有一条主要马路，从贺兰山下一直延伸到银川的东门，贯穿了银川市的三个地方：新市区，新城，银川。当时有个顺口溜，新市区是战场，新城是赌场，银川是情场。我就住在战场的第一大城市：同心路。"

苏阳并非土生土长的银川人，小时候也被方言所"扰"，他的母亲是浙江人，父亲是河北人，父母曾教育过他，要适当和本地人保持距离。可是离家到大城市后，心里却只有这一方小小的故土。对它的眷恋和热爱，组成了创作生涯的全部。

在北京的头几个月，苏阳每个月都要回家一趟，不为别的，实在是太想家了，吃不惯，也睡不好，所以即使早上五六点就要爬起来去赶飞机也在所不惜。2006年，他签约卢中强创办的"十三月"音乐独立厂牌，发行了专辑《贤良》。做完这张专辑后，他坚持要回到银川去写歌，害怕"失去对家乡的感知，灵感会枯竭"。

《隐入尘烟》入围柏林国际电影节后，曾和导演李睿珺聊过家乡、土地对他创作的滋养。他跟我分享过两件小事。

一件事是李睿珺打小在村子里长大，记忆中，学生时代会有"农忙假"。这个假主要分春初、夏末两次，春初用于种麦子，夏末用于收割麦子。一年夏天，李睿珺请假回去帮家里收麦子，收好后，坐在原地等风来，才能将麦子扬起来。等风间隙，无所事事的一家人会围坐在路边分食一个西瓜。为了哄孩子开心，父亲随手拾起掉落在地上的麦粒放在李睿珺手臂上，按压一下，说是给他"打记号"。有时，父亲还会丢一个麦穗在他裤腿里，抖上一抖，有倒刺的麦芒顺着裤腿爬上来，痒痒的，总能把他逗得咯咯直笑。这些真实的生活琐事，后来都变成了观众在大屏幕上看到的主人公之间的相处细节。原本酷暑下日复一日的重复劳作让李睿珺感到倦怠和疲惫，但随着年岁渐长，这些生命体验让他对熟悉的农民和土地产生了新的认知与思考，也最终成为创作中最珍贵的养分。

另一件事大约发生在 2010 年，李睿珺回老家过年，留意到家中有一条很特别的心形石头项链，姨母告诉他这是姨夫亲手做的，是送给女儿的生日礼物。原来，姨夫在矿上打工拾到一块白色大石头,想用这块石头给女儿做一条项链。春节期间，姨夫整日坐在家中磨石头，直至将石头磨成了一个光滑的、可佩戴在脖子上的心形。心形石头一侧有花纹，中间有孔，面上还刻着女儿的名字。刻完名字后，姨夫还细心地用红漆上了色。一切大功告成之后，姨夫又买来一根金色小链子将项链穿起来——一份"沉甸甸"的爱诞生了。

不论电影还是音乐，艺术应该来源于我们所依赖的土地。

正如李睿珺所言:"土地不区隔万事万物,是海纳百川的,无论是杂草、大树,还是破碎的人,都能接纳。土地有多包容呢?你就算泼一盆脏水给它,它也马上就吸收了。"

苏阳也喜欢《隐入尘烟》,他跟乐评人郭小寒说"这是一个关于人与土地的故事","两个苦命人互相珍视,把希望种在土里,用繁重的血汗和困苦来浇灌"。

苏阳的音乐也是如此。这些歌从日常中提炼而来,是一种离土地最近的声音。不是他捕捉到了现实,而是现实启发了他。对他而言,做这种类型的音乐更像是一种对生活的反哺。比起宏大叙事,他更关心那些关乎婚丧嫁娶、人间悲喜的琐屑日常与人情往来:哪对新婚夫妻要办喜事,邻居谁家生了孩子,小时候认识的哪位长辈去世了……

在银川,唱"花儿"的人都是村里最普通的农民。他们有的在小城里做点儿小生意,有的是组织号召能力很强的村支书,有的在当调解员,哪家的拖拉机撞了人,他们就要出面协调……"从歌声你就能听出来他们是干什么的。"每次唱歌时,他们就跑到后山去,因为"花儿"指"春天花儿盛开",是关于"男欢女爱"的歌,得避开老人和妇女。

"走过好几个国家,才意识到每个人都是世界的一滴水,每个人都可以表达他所在的生活。我所能做的就是把我的这点生活告诉别人。"

3

2006年，愚公移山酒吧，苏阳作为暖场嘉宾在此演出。一位歌手上台时，他扫了一眼台下，发现圈内大佬都来了："崔健就坐在第一排。"对方一开嗓，苏阳不解地问公司同事："这人谁啊？"同事告诉他是胡德夫。他继续追问："胡德夫是谁？"同事不耐烦了："胡德夫你都不知道？！"

一曲《贤良》唱罢，胡德夫感动落泪，主动询问苏阳拉拉缨是什么，苏阳告诉他这是生长在银川土地上的一种野草，随处可见，生命力很强劲，又名"血见愁"。胡德夫了然："原来是大地的衣服。"

苏阳被这个描述打动，觉得胡德夫是个诗人。两人成了相交颇深的知己。胡德夫说："民歌就是时代的声音。"十年后，胡德夫来北京演出，苏阳抱着一瓶茅台去看他。他的新书《我们都是赶路人》的封面，也是在苏阳的老家银川拍的。

在音乐的世界里，苏阳是个特别的存在。从20世纪90年代至今，他始终相信关于土地的声音永远不会消亡："民间音乐可能会随着农耕社会的消失逐渐消亡，但是也不断有和我类似的人在尝试新的形式，或者说更原始的方式，使它转换为有表达力量的音乐，或者吸收它的营养，产生表达我们今天生活的音乐。"

苏阳做专辑和很多音乐人不太一样，其他人是编曲、作词，然后到录音棚去录,他一定要去现场唱,再根据听众的反馈回来做调整。没唱过的歌直接录出来,他总担心"不老实","没有找到真实的情感支撑"。这也与"花儿"这种特殊的音乐有关。

某年大年初七,西海固作家石舒清领着苏阳去海原县拜访一个叫马生林的老人。那年老人已经七十多岁了,两人赶到时,他正用不太清朗的声音哼一首河州"花儿"《白牡丹令》。"二尺八的棉帽头上戴,恐怕北山的雪来……尕妹妹牡丹啊花园里长,二阿哥是空中的个凤啊凰,悬来悬去没有望想,吊死到白牡丹的树上……"后来,老人去世,苏阳写了一首《凤凰》,就是来自这首歌。

有一回,布衣乐队回宁夏采风,去拜访当地唱"花儿"的歌手。吴宁越问他们,"究竟什么是'花儿'"?一位老人告诉他:"'花儿'就是唱你心里的话,如果唱的不是你心里的话,就不是'花儿'。"吴宁越联想到王国维在《人间词话》中所说的"不隔"。所谓不隔,就是"天然去雕饰",就是苏阳口中的"女人苦了哭一哭,男人苦了唱一唱,娱乐消遣是它,悲苦高兴庆祝也是它"。

4

2018年,"麦德林诗歌节"现场,苏阳领着来自世界各地的诗人一同观赏纪录片《大河唱》,让他们领略到黄河的风光和来自黄土地的声音。

那几年，对苏阳来说还挺特别的。录完新专辑后，他想把自己的路子拓宽点儿："黄河文化、民间艺术不该只拘泥于音乐层面，还应该要有很多不同的形式。"他出了散文集《土的声音》，梳理出自己的音乐之路，在音乐中回望故乡、反思故乡，也试图再度追根溯源。他发现，那些触动灵魂的歌曲，历经了百年的口口相传，像野草种子，硬过石头，发芽生长。

《大河唱》是国内第一部院线音乐纪录电影，它诞生于苏阳发起的一个名为"黄河今流"的艺术项目，这在电影领域属于一次开拓性的尝试。这部电影记录了苏阳和四位民间艺人的生活故事，他们分别是陕北说书、秦腔、皮影和花儿艺人，长年固守在黄河沿岸。我们看到黄河两岸的自然风光、人文风貌、生活状态，还有艺术与故乡的联结；我们也在心中追问，自己和脚下的土地有着怎样的爱与憾。

"黄河今流"旨在"挖掘现代人背后的民间文化基因"。它的媒介形式有很多种，除了音乐，还有绘画、影像、动画等。"基本上是一次跨界的融合。"

苏阳对自己音乐的定位很清晰："我的音乐是将'花儿'、秦腔等西北民间音乐及传统曲艺形式，与流行音乐进行嫁接、改良和解构，经由西方现代音乐的理论和手法，创造出一种全新的音乐语言。"

2003年，苏阳开始尝试将民乐和现代音乐融合。"从表面来看,这是一种与时俱进,是亲近年轻人音乐审美的审美,但我内心真正的期待是希望打破年龄界限,让更多人能接受原本就属于我们自己民族的音乐。"

苏阳一直试图将民间的艺术转化为现当代的艺术。多年过去,他要去银川西门桥头早市给老百姓唱歌的计划一直未能付诸实践,日子倒是越来越充实:工作越来越忙,踏足的土地也越来越多。"黄河今流"计划发起后,他带着这个项目去了巴西的圣保罗州,还跑了好多趟美国,在哈佛大学演讲,在曼哈顿中心云端画廊举办多媒介艺术首展。走在纽约街头,苏阳吃不惯当地酱汁浓稠的意大利面,满脑子只有小时候在家乡最讨厌的那碗牛肉面,那碗汤底比兰州拉面清淡、面同样很有嚼头的牛肉面:"当我开始想念自己曾经最讨厌的食物时,很明显,我已经被那条河彻底染黄了。"

唱给柔软而坚强的人类

截至2018年,"麦德林诗歌节"已经连续举办了二十八年。这个南美洲最大的诗歌盛会曾吸引过无数卓越的诗人、画家、艺术家参与,包括大家都熟知的舒婷、于坚、北岛等。

7月14日晚,苏阳作为开幕式压轴嘉宾,在诗歌节上演唱了《贤良》《河水南流》等经典作品,还带去了一首新歌《胸膛》。

这首歌与他的某种心境契合——将黄河流域的胸膛敞于世界。

苏阳是"麦德林诗歌节"邀请的首位中国音乐人。"今年诗歌节的主题是'寻找诗与歌的源头,回归本土信仰',这可能是他们邀请我的原因。"演出完之后,他还参与了两场诗歌朗诵会,多首歌词被收录于诗歌节的官方诗集。

"唱给柔软而坚强的人类。"当苏阳和乐队站在台上演出时,这句话被投射在哥伦比亚麦德林希望公园广场的大屏幕上。

演出结束后,他和来自世界各地的诗人聚在一起喝酒,开始还通过团队里的翻译进行交流,酒到酣时,大家互相举杯,仅凭表情和肢体动作就能领会对方所想。酒和音乐一样成为无国界的表达载体,拉近了人与人之间的距离。

对话苏阳　　　　　　　　**将黄河流域的胸膛敞于世界**

王秋璎　《贤良》很有标志性，传唱度也很高，你觉得这首歌能代表自己吗？

苏　阳　三张专辑，到《胸膛》这首单曲，其实一直都在变化，每个阶段的音乐都是那个阶段我的尝试。（大笑）我想没有一首歌能完全代表一个人吧。

王秋璎　"麦德林国际诗歌节"创办了二十八年，之前也有很多诗人参与过，像北岛、舒婷、于坚、杨克、蔡天新、周瑟瑟等，这些诗人当中有你比较喜欢的吗？

苏　阳　今年6月在一个诗歌会上结识了诗人于坚，读过一些他的近作，我很喜欢《建水记》，他以前的诗作我也很喜欢。小学的时候喜欢看《水浒传》里的古诗段落，14岁的时候看流沙河的诗和他介绍的痖弦等台湾诗人，也由此知道一点儿意象派吧，后来还看过一点儿里尔克，但是看的量太少，就不敢胡说了。

王秋璎　参加此次诗歌节，最大的感受是什么？

苏　阳　国际诗歌盛会，很兴奋。

王秋璎　《胸腔》虽然还是之前独有的那种唱腔，但在曲风上相较之前的作品有了一定的调整，此次为什么会做出这样新的尝试？有哪些表达在里面？

苏　阳　这是一首形式上很简单的歌曲，受"花儿"旋律的影响，形式上比我以前的那些编曲简单了，因为我觉得简单的东西更容易让人理解。另外就是不像之前那样去强调本土的、地域化的东西了。至于表达了什么，每个人都根据自己的听觉来感受就好。

王秋璎　怎么看待"民族摇滚音乐家"这个头衔？

苏　阳　写歌，或者尝试其他艺术，最终是探索自我吧，做好自己就行。

王秋璎　怎么想到发起"黄河今流"跨界艺术计划的？

苏　阳　从长期接触民歌和黄河流域的民间艺术以来，一直在尝试把民间艺术转换为现当代的艺术，所以发起了这个长期的计划。

王秋璎　《大河唱》是"黄河今流"在电影领域一次开拓性的尝试，也是国内第一部院线音乐纪录电影，拍摄这个耗时多长，选择了和哪些人合作？最终呈现出来的成片大致面貌如何？

苏　阳　"黄河今流"发起的时候，天空之城影业与马灯电影和我一起聊出这个想法，以我为线索，拍摄我和黄河流域四个民间艺术家两年内的演出活动和生活，马灯电影和清影工作室作为制作方，制作团队是清影工作室。我希望呈现黄河岸边生活的、具体的人和事，真正的主角，我认为应该是黄河。

生活是一把尺子，我像一个音符敲击在命运的键盘上，在断断续续与音乐相伴的这些年来，它们总结了我的每一天，为了报答，我给了它们我的一生。

——张浅潜

张浅潜

完美地保留了自我就像河水

1

写下这篇文字对我而言是困难的。我对张浅潜总有种特殊的感情：一方面，我觉得活成她那样太迷人；另一方面，又觉得那样活实在太辛苦。过去，和朋友聊到采访、写稿，我总说我不爱使用判断句，只喜欢讲故事。

这次，我却是以一个判断句开场的。而且两个下判断的小人儿在我脑海中争来斗去，让我踌躇不前。

第一次接触张浅潜是在2019年4月，朋友阿越说有一个她的采访，问我感不感兴趣。我对张浅潜并不陌生，甚至可以说很熟悉，除了那首单曲循环过无数次的《倒淌河》，还有一个叫"君君"的形象。

2001年，李玉拍摄电影《今年夏天》，张浅潜带着玩票的性质出演了主人公之一刘小群的前女朋友君君，一头飒爽的短发，一件无袖牛仔衬衫，手持一把枪，眼神凌厉而不羁。

说回采访。2018年，腾讯音乐人推出"原力计划"，在合辑Ⅰ《地心游记》中，收录了张浅潜的一首《心墙》。我们就着这首新作品聊了聊。

没过多久便是初夏，朋友梦醒携新书《一尘半梦》来北京的码字人书店做活动。当天，活动的演出嘉宾就是张浅潜。毫无疑问，这是一个痛苦的艺术家，健康和她毫不搭边。这种痛苦和不健康似曾相识，像酗酒的福克纳，像选择沉石自尽的伍尔夫，像30岁就画出《呐喊》的蒙克。

午间，几人一块儿去餐馆吃快餐，朋友买单。刚吃罢饭，张浅潜突然发问："多少钱？大家一起A一下。"朋友说自己请客就好，她坚持不麻烦朋友。

张浅潜是个热络的人，在通州那几年，因为离得近，不时能收到她的吃饭邀约。有时是在半夜，有时是在早上五六点。我猜想手机对面的人要么彻夜失眠，要么睡眠极差总是醒个大早。

因为时间始终没对上，我请她来家里吃火锅表示歉意，她欣然应允。傍晚五六点，我去小区门口接她，她拎着一个哈密瓜出现，还是那干瘪、瘦小的身躯，加上蜡黄的脸色。我再次暗自担心她的健康。

见面后，她的第一句话是："我本来不想来了的。"后来认识久了，发现这样的时刻常有。她会突然一时兴起，说要去做某件事，没过多大会儿，又换个思路，说要不还是去做另外一件事吧。她不是个循规蹈矩、按部就班的人。在她的生活里，计划永远赶不上变化。

当晚一起吃火锅的还有几个朋友。在饭桌上，张浅潜给每位朋友赠送明信片，那些明信片由她的绘画作品制作而成，其中就包括2018年在《我的肖像》中展出过的《羊人》《盒子里的人》《黄昏草坪》等。

在社交场合，她身上展现出一种罕见的"钝"。不是迟钝，而是瞬间的抽离。这种抽离常让她游离于真实的时空之外，自说自话。三五个好友围坐在一起吃火锅，大家刚结束一个话题，低头开始吃。她专注眼前的菜，没跟上话题，一抬头，发现全场沉默，兀自打圆场："吃菜啊！"说着捞起几块肉挨个儿放到大家的碗里。

有时，她又意外地快人一步。酒足饭饱，大家瘫在凳子上，想着接下来的计划，她已经开始帮大家安排回程。当她话音一落，大家尴尬片刻。

因种种原因，一直无缘去张浅潜家做客。无论如何，这始终是我心中有愧的地方。也许是因为时间对不上，也许是因为我本来就害怕她这种突如其来的热情，也许更因为那几年我自己的状态也不好，害怕去面对她摇摇欲坠的生活。她身上总有种巨大的能量，像宇宙，也像黑洞，可以深深感染别人，也将别人吸附其中。其间，她发微信来，说自己搬了两次家，偶尔也发几张新家的照片过来。照片里，画板、书、中性笔、数据线、烟灰缸和各式各样的生活用品杂乱无序地堆叠在房间的各个角落，客厅里还竖着一把琴。几只杂物箱里收纳着很多CD和书，有帕蒂·史密斯、大卫·鲍伊、地下丝绒队乐以及梵高的传记等。

每每看到张浅潜这样无序的话语和生活，我总担心她的状态。而每当这样的念头涌现时，布衣乐队主唱吴宁越的那句话也会跟着一起涌现："张浅潜就像车辙里的鬼，不管生活怎么将她碾来碾去，她总还是会冒出来。"

2

张浅潜很难被定义。因为"天性不允许她的复眼对成千上万次重复的事物做太多留恋"。她是老狼眼中的西北奇女子，不止一次被朴树、崔健、汪峰等人盛赞为"天才"。之所以如此，大概有两个原因：其一，她的身份很多元，不断在艺术领域里来回跳跃，拉提琴、做模特、开画展、写诗、出文集、演戏、当歌手，遍地开花，风生水起；其二，她的创作基本不拘泥于固定的风格和范式，很灵动，很自由，也很跳脱。

张玮玮曾说张浅潜是那种天赋极高的艺术家："没有天赋的人得尽力让自己稳定着，小心翼翼地抓那些灵感。有天赋的人像玩泥巴那样肆意将自己的天赋甩来甩去。"吴宁越说："全中国做音乐的男的女的加起来，也没几个比张浅潜牛×。"

每当大家说起张浅潜，总无可避免地提到"倒淌河"这个意象，似乎试图为她的反骨埋下某种注脚。倒淌河位于青海，全长40多千米，海拔3300米，与大多数自西向东的河流不同，它是自东向西流入青海湖的。

张浅潜生长在青海农村，她形容故乡是"一粒带感的药丸，抚慰漂浮于外的歧路游子"，还说"在弥漫着芳香的味觉里，乡愁就是通向心脏的路"。9岁，第一次在同学铅笔盒上看到拉提琴的小人儿，张浅潜就回家央求妈妈说自己也要拉琴。在一个草原小镇上，这是先进的，也是奢侈的，但同样热爱文艺的妈妈却花了三十二块钱为她买了一把儿童琴。买好琴后，妈妈又请教琴的老师来家里吃饭，饭后，老师拉了一曲《梁祝》作为演示。张浅潜听着那琴声，似乎感受到某种神秘的召唤，一种来自艺术世界的召唤。

在青海艺术学校，张浅潜拉小提琴，一直拉进了青海歌舞剧团。学生时代，她从来都不是个循规蹈矩的人，更不喜欢按部就班地完成老师布置的作业和要求。她最享受的是自己即兴创作的部分。"总是乐意自己编一些曲子自己玩。"

费尔南多·佩索阿在《惶然录》中写道："因为我是无，我才能够想象我自己是一切。如果我是某个人，我就不能够进入想象中的这个人。一个会计助理可以把自己想象成罗马国王，但英国国王不能，因为英国国王已经失去了把自己梦想成另一个国王的能力。他的现实限制了他的感觉。"

张浅潜很少限制自己的感觉。她像精灵，可以成为任何人；她又像水，不在乎自己究竟会变幻成多少种形状。

剧团中枯燥的集体生活并不能满足张浅潜，她就像《立春》中的音乐教师王彩玲，北方大地的苍凉无法掩盖天资，她们注定要为梦想活着，哪怕这些梦想注定永远飘浮在空中。1989年，十八九岁的年纪，因为不想追随男友脚步去北京，她决定南下至广州。找个当小提琴手的工作不是易事，为糊口，张浅潜去当模特："我那时候不想靠谁，只想靠自己。"

张浅潜个子不高，身材瘦瘦小小的，乍一看很难想象会和模特这一职业搭边，但她一点儿也不怵，光着脚丫子昂首挺胸地在秀台上走来走去。那些年拍下的照片里，她冷着一张脸，眼神凌厉，眼皮懒懒地向上抬，没有标准的八颗牙微笑，也不吐舌头，区别于一般拍写真的姿态，但就是扑面而来一股艺术气息。

模特是依靠自己的身体去表达，张浅潜很快就摸透了其中的一些套路。这是一种"绅士与嬉皮、古典与现代、典雅与风骚的结合"。这种结合很微妙，但久而久之也缺少刺激和新鲜感。"它过于通俗，是一种空虚的表达，或者说模特只是摄影师和设计师的个人表达工具，他们自己没有权利。"

画画儿最初只是一个爱好，因为当时的男友是画画儿的，她在旁边观摩，也有了一点儿兴趣和感知。那时，张浅潜已不再甘愿承当艺术的载体，渴望自己去创造点儿什么。画画儿就是一种创造，写歌也是一种创造。

26岁，张浅潜一腔热血奔赴北京，办画展、做音乐，像她的名字那样，在五光十色的欲望森林里沉潜。在她眼中，绘画是静止的视觉艺术，音乐是流动的视听艺术："生命的衣钵将由文本继承，由线描解决，由声音倒入世界。"那时，家乡的朋友大多在做古典乐和民乐，她想做一个可以传声的人文歌手，像崔健、鲍勃·迪伦那样带给听众思考和启迪。

1997年，张浅潜签约红星音乐生产社，用一把吉他写下《倒淌河》。之后，她又用编曲机自己编出第一张专辑《灵魂出窍》，里面十四首歌的词曲和演唱，都由她一个人完成。在这张专辑里，她还搭配了一本文集《密码》，一些自己的写真照和过去几年的绘画作品："我想在这里展示一个人全身系统开放的可能性。而且我一直想寻找一种方式，将我的音乐、绘画结合起来，进行淋漓尽致的表达。"

3

这几年，张浅潜展现出一种强烈的"进取心"，试图从一团乱麻中找到一种确定的意义。她靠着一场又一场的演出衔接自己的生活，希望"通过努力工作来改善这（曾经的）恶性事故的变化"，希望"摆脱日常生活的折磨"，"用微小的细节给人生带来重大改变"。

她希望自己是一个有希望的人。

2022年，新书《星空与随想》出版后，张浅潜跑到各地的书店做活动，分享自己文字背后的故事，也弹唱。

有时，她希望能找一个助手，多和优秀的乐队合作；有时，她又很厌倦出去见人，陷入一种与人交往的焦虑里。困难的不是与人交往，而是不想靠吃饭、喝酒来维护人际关系，希望先把自己雕琢到最好。"我没办法又演出，又创作，又整理作品，还出去和人喝酒、聊天。一天不可能做这么多事。我一次只能做好一件事。"

刚来北京时，这些都不是困难的事。那会儿的张浅潜活泼、开朗，算得上是个小小的"社牛"。她跟张亚东组乐队，与崔健、窦唯同台演出，和唐朝、野孩子、谢天笑、病医生、布衣等独立乐队和歌手都有过深度合作。《灵魂出窍》初稿出来时，她拿去给上海音乐学院的教授何训田听。"那会儿是活在主流视野里的。"只是后来的路径，就和曾经一同录制《红星六号》

的许巍、小柯、田震大不相同了。她不愿签公司，觉得那是一种"对创作的束缚"。

2003年秋，张浅潜遭遇人生低谷，自称"一劫"。这个劫难究竟是什么，至今没人知道。自那以后，她的生活就像一辆偏航的火车，失控、痛苦。她曾写道："我很痛苦，因为细小的事物引起我的刺激，从而分裂，而分裂导致又一个朋友的离去，每一个朋友的离去哪怕他是陌生的，我都非常痛苦。"在想象中，她动用千军万马来治疗自己。

在一个视频采访里，张浅潜抱着吉他望向远方，自问自答："对我来说，我什么都有，真的，就是没钱。我觉得是不是这样？是这样吧？"

她写十几万字的博客，那些很难断句的文字中只透露出两个信息——搬家，没钱。"我到现在能活着真的是奇迹，每月的生活费、房租全是不同人给我，我一直感谢这些人，有些人素昧平生，就给我一笔钱……但我知道我需要的不是物质上点滴的帮助，而是精神上的支持……"在她的博客上，存在着一个账本，用于记录别人支持她的点点滴滴。

"搬家后××（人名隐去）一千××几百；2008年3月回北京搬家至定福庄，××打钱；5月搬至三间房期间××打钱，未有演出……半狄（张浅潜刚来北京时一起办画展的朋友，她的名字也是他取的）给四千块钱，上海朋友打钱一千多块钱；6月从三间房搬至老乡处；7月搬至黄渠……"

普鲁斯特认为,"所有杰作都出自精神病患之手",张浅潜以为自己所能做的牺牲就是坚持一下,再坚持一下。

4

卡夫卡形容伍尔夫"用一只手挡住命运的袭击,另一只手匆匆在纸上记下自己的东西"。张浅潜的状态与之无异。她可以不吃饭、不睡觉,但是不能不创作。对她来说,只要房租交过了,有地方住着就够了。去超市买菜是困难的,到公共厨房和邻居前后脚做饭是困难的,和人交流是困难的,但在打印纸、便笺纸、卫生纸、床单上记录下自己的创作是容易的。

她可以很久不洗澡、不洗头,一觉醒来就光着身子坐在客厅里弹吉他。家里没有钢琴,她就跑到超市去弹。

图文集《迷人的迷》出版后,编辑杨葵上她家,无处下脚,只能勉强在沙发上刨出一小块角落坐下。屁股刚沾上沙发,张浅潜扯过床头枕套上的圆珠笔画作问他:"你看我这画得怎么样?"

张浅潜喜欢即兴的东西。在台上,只要有乐手在,她就会玩得很尽兴。和布衣乐队去深圳演出时,她一亢奋,就一把脱掉上衣,只穿着文胸走出门去,在街上溜两圈,再回到台上继续唱。尽管她认为写一首歌要"历经重重磨难",但她的灵感却又总是来得那么即兴。《罐头》的歌词是在录音棚一口气儿写完的,"我再也忍不住了,我要离开这成堆的罐头";《牛虻生涯》的歌词是从垃圾堆里捡回来的,然后在乐手的伴奏下即兴写出了旋律。

张浅潜的人生也是即兴的。有几年,因为这种"即兴",她在众人眼里变得很难搞。专场演出时,要么是场馆的人在开演前都联系不上她,要么就是上台唱了几句就说自己"没状态,要走了"。有时候,在音乐节上,她心情好、兴致高,也会多唱好几首,不管举办方如何焦头烂额地做接下来的演出安排。

"和浅潜合作需要特别有耐心。"这几年,张浅潜常去"69咖啡"和"蜗牛的家"演出。但回忆起敲定第一次演出的过程,"蜗牛的家"老板小伟表示"历时半年"。两人就在微信上有一搭没一搭地聊:"常常我给她发个什么东西,她要一两周,甚至几个月才会回复。"

今时今日,张浅潜既不安稳,也不平静,因为她"过着一种特殊的对应的生命体验,这种体验是精神上的无限付出,是一种不可能收获的过程"。这是一个把自己当成作品的人。"我是自己一直做不好的那件作品。我知道只有我的想象像一棵树,上面结满了璀璨的花,鸟儿就停在枝头,有时候我怕一启动,它们就不见了。"作家绿妖说,"很多人是从艺术中得到了实实在在的好处,她却天真到真的献出自己,被艺术毫不保留地榨取"。

2004年,张浅潜在豪运酒吧演出,刚唱半小时就消失了,引发观众不满。事后工作人员解释:"她回想起一些不愉快的回忆,觉得自己状态不对,继续演出就是欺骗观众,所以离开了。"周云蓬写了一篇《允许一条倒淌河》的文章,号召大家包容张浅潜,"给时代留下一两个有个性的歌手"。他写道:"当听她唱片的时候,我们享受了一个艺术家能给出的最好的果实,这个果实是由她的个性、她张扬的性情、她充满悖论的感觉生出来的,也包括她不谙世事的那一部分。我们往往会奢望,又能吃到奇特的果子,又能看到一个四方周全、八面玲珑的人,岂知这是不可能的……就像大地所有的河都向东流,但也允许有一条倒淌河独自向西。"

大概在十年前,有一个记者去采访张浅潜,问她是否仍然相信爱情。她答:"当然,要不然怎么活?不过现在我更愿意将自己看作一条河流,缓缓向前流淌,谁愿意加进来,就成为我的生活。我已经不可能再去追随哪个人的道路了。"

车辙里的"鬼"

2019年12月23日，平安夜前夕，腾讯音乐人在糖果举办跨年派对，邀请到张楚、木马、马条、张浅潜等人同台演出。那晚，我再一次在舞台上看到张浅潜，黑色夹克，烈焰红唇，跑跑跳跳，很有兴致。台下，不时有人大呼"浅姐"。

演出结束后，她下台，我们约着一起去隔壁的金鼎轩吃饭，同行的还有一位当时正和她合作的音乐制作人。席间，她用一碗小面就将自己的晚餐对付了。我将带去的大捧玫瑰花束递给她。她兴奋地大喊："刚才怎么不直接扔到台上来！"

饭后，她叫我们先去看张楚等人的演出，还热情地说等到全部演出结束、她和工作人员打完招呼，我们可以接着安排之后的行程，比如，找个酒吧坐坐，或者去哪里散散步。

夜里11点，演出散场，她消失了。我给同行的制作人发微信，对方回："浅姐刚到家。"

第二天傍晚，我收到张浅潜的微信，是一张照片。照片里，窗外天色昏暗，窗台上堆满杂物，一只透明的玻璃花瓶伫立其中，花瓶里，是一把开得正好的玫瑰。

"谢谢亲爱的，真好看。"

对话张浅潜

我只是不想平庸

王秋璎　这次收录在腾讯音乐人原力计划合辑I《地心游记》里的《心墙》，是很浓烈的Rock（摇滚）曲风，也算是一次新尝试吧。

张浅潜　我想吸取一些新的音乐元素或者一些新的音乐风格。现在音乐的领域很宽广，可能也需要创作者不断去打开思路，比如以前走英伦啊，擅长用情感去抒发，所以现在就想尝试一些Dream Pop（梦幻流行，另类摇滚的一个流派），或者各种各样不同风格的。

王秋璎　做音乐自由吗？这么多艺术的介质，对你来说有什么特别之处？

张浅潜　做音乐本身就是非常幸福的一件事，这个职业是很多人羡慕的。如果你不把这种光环放大，重视自己内心的话，我觉得作为一个创作人、独立音乐人，有很多自由。特殊之处的话，音乐对我来说比较励志，让生活有一种被升华的感觉。

王秋璎　像《心墙》这首歌,有没有什么特殊的创作背景?

张浅潜　很简单,就是个人情感的表达。它写于2016年。那一年里,我写了很多作品。心的距离,爱的冷漠,这些危险的间隙是我们这个时代迷离与茫然的写照。我们都在寻找着爱的归属,也在寻找那个多面的自己。

王秋璎　《灵魂出窍》会很难被超越吗?做音乐到现在,和你灵魂深处产生过最深切激荡的作品是它吗?

张浅潜　《灵魂出窍》整张专辑的确是我的最爱。

王秋璎　从广州出走到北京是一个很大胆的决定。当时就决定专门从事音乐创作了?

张浅潜　当时自己的音乐观念非常前卫,艺术上有很多想法,决定了自己需要走出原来的生活场景。发现和自己当时想做的那种音乐类型在当时的语境里范围很小。而北京是可以去探索更多可能性的地方。于是决定出发。

王秋璎　如果最终只能选择一个词来定义自身,你觉得是什么呢?

张浅潜　我觉得自己是多面的,这一切都可以算作是我,加起来就是我的总和。

王秋璎　　你觉得自己内心是个什么样的人？多愁善感、浪漫多情、深刻尖锐？感觉这些都是你，却又都不能完全形容你。

张浅潜　　我觉得我是一个生活的旁观者，是情感的记录者，也是一个情怀的坚持者，我是张浅潜。其实怎么都好，我只是不想平庸。

王秋璎　　人生中第一次接触音乐是在什么时候？当时感受如何？

张浅潜　　从小我就很喜欢音乐。没有特别的时间限制。艺术是一个从一而终的事情。

王秋璎　　在任意一个艺术领域，你的表达欲都很强，自己感到最舒服的是哪方面？

张浅潜　　我是一个善于表达的人。音乐、文学、绘画都是一种途径。音乐是最直抒胸怀的方式，也是我的职业。

王秋璎　　音乐上的偶像是哪位？受谁的影响比较深远？

张浅潜　　我认为很多艺术家都值得学习借鉴，没有特定的。受影响的也许很多，更多的是欣赏！从他们的影响力、艺术风格（来说）有太多的作品值得关注。

王秋璎	你是如何界定主流和独立的,你觉得自己倾向于前者还是后者?
张浅潜	个人认为主流是一种特别广泛,就是受大众媒体关注的热点话题的作品。独立,是一种态度。二者有很大的区别。我的作品是偏主流倾向的,也希望更多人听到。
王秋璎	最近在听什么音乐?
张浅潜	随机听一些音乐。没有特定的,更喜欢 Dream Pop 风格的音乐。

玫瑰啊／你从哪里来／我的真理用旧了／玫瑰啊／你往哪里去／我以哲学爱过你／玫瑰啊／我多想和你述说／从前的故事啊／他们说一切并非真实／那时万物正交响／他们说一切并非虚无／那时机器爱黄昏／你用凝视回应我／回应我……

——昨夜派对《玫瑰往事》，词作者唐映枫

唐映枫
想象一朵未来的玫瑰

2022年末,唐映枫前往TEDx演讲,主题为"诗歌即是以一阵风的视角去重塑被它吹拂过的人类这朵花"。在演讲中,他回顾了自己从一名康复治疗师跨界成为词人和创作者的经历。

两年前,唐映枫开始接触电影,创作自己人生中的第一部短片《龙出水》,讲述的是一个小孩对记忆和童年的误解。拍摄地就选在唐映枫的老家德阳市。

片子拍完,唐映枫感到很快乐,是一种松弛的快乐。这种感觉似曾相识,他第一次填词时也经历过。初次创作的体验是珍稀而宝贵的，因为没有任何"术"或"道"可言，产出的成果完全是创作者自身直觉和审美经验的结合。

只是电影究竟是什么？

为了搞明白这回事，他选择去北京电影学院导演系进修。一次，老师随堂布置了一个拍摄作业，内容是"呈现儿子去父亲公司告知他母亲罹患重病的事实"。唐映枫扛起摄影机，尝试拍摄父子间的那场对话：先用儿子的一个主观视角将办公室的环境交代清楚，再不断切换场景拍摄两父子的对话，直到最后儿子走出画面，特写呈现父亲得到消息后的心情。

这段戏并不复杂，拍起来也不费劲儿。但是这场戏该如何结束呢？它的结束画面又会指向怎样一种情感？突然，唐映枫看到饰演父亲的演员身后有一扇窗，窗边摆放着一朵小花。

他将镜头对准了那朵花。阳光下，小花在微风中轻轻拂动，剔透、灵动、美丽。

"电影就是那朵花。"

花，或者说玫瑰这个意象，常出现在唐映枫的作品里。《龙出水》中有一个主人公书包侧兜放玫瑰的特写。由他作词、昨夜派对演唱的《看海的人》中有"我坐在九千个日落里，望向白鸟衔玫瑰飞去，幻想船笛是你在耳语，直到海平面月亮升起"。在《老玫瑰》里，他采用第一人称，将主人公类比成一枝老玫瑰。

"两束玫瑰里，我是稍年长的那一枝。色泽像久病的日落，刺已经很软很软了。我的一生中——曾听过无数情人间告白的话语。听见过春天裂开的冰面，也听过酒瓶急促的呼吸。我承担着欲望的角色、抒情的道具。但这并不影响我曾与一双孤独的眼睛对话，并记下了它郁郁难言的诗行。我在瓶中，在被雨水淋湿的角落；我在昨日，在犹豫不决中被弃置。我没有爱人，世上的爱情决定了我的归处。"

玫瑰是诗人的缪斯。聂鲁达幻想"你是我贫瘠土地上的最后一朵玫瑰"，辛波斯卡"屏住呼吸，为求更快蜕化成形，等候自己开放成玫瑰"，阿赫玛托娃认为玫瑰是"慰藉，代表永恒，永远简单"，贡萨雷斯·普拉达"用骄傲对待骄傲的前额，用善良对待善良的心肠：这是我一生永恒的规律，只有采摘玫瑰才弯下脊梁"，阿多尼斯要让"玫瑰在一片枯叶上书写遗言"。

玫瑰是爱，是对宇宙的憧憬，是创作的目的地。

葡萄牙作家、诗人费尔南多·佩索阿以异名"冈波斯"创作诗卷："我想死在玫瑰中，因为童年时喜爱玫瑰。后来喜欢菊花，却冷血地拔掉花瓣。少说点儿，慢点说儿，不要让我听见你，特别是在思想中。我要什么？我的双手空空。悲伤地抓紧某个遥远的床罩。我想什么？我的嘴干瘪、抽象。我活什么？一场甜美的梦。"

唐映枫喜欢玫瑰，不是破坏，不是殉道或献祭，而是想象。

正如收录在佩索阿诗卷的那本诗集的名字——《想象一朵未来的玫瑰》。

1

写完《理想三句》的副歌时，唐映枫的女朋友正依偎在他身边喂鸽子。后来的事情大家都知道：在众乐纪的第一次歌词众筹中，陈鸿宇一眼相中了这首歌词，当即打了个电话给他，说 A 段比稿通过。唐映枫马上又改了改，写完 B 段，将其完善成一首完整的词作。

《理想三句》成绩斐然。2016 年，网易云音乐分享量最高的歌曲就是它，歌曲所在专辑《浓烟下的诗歌电台》在 2017 年获得了首届唱工委音乐奖的最佳民谣专辑。除《行歌》由陈鸿宇和另外一名词人联合创作外，其余七首歌的词均由唐映枫一人包揽。

可以说，《理想三句》是唐映枫创作的起点。面对这个伴随至今的标签，他尝试着用幽默来化解："自己做错的事要承担，嗯，开个玩笑。"

《理想三句》获奖同年，刘昊霖的《儿时》发行。这首歌的曲调源于两年前刘昊霖一段四小节的即兴哼唱。听到旋律时，唐映枫想到木心先生的一阕短句："女孩拢头发时斜眼一笑很好看，男孩系球鞋带而抬头说话很好看，还有，那种喜鹊叫客人到的童年。"

一些儿时记忆在脑海中复苏,每行八字,四行为一段,一连三十九行,不过一晚时间,唐映枫就把整篇歌词交给刘昊霖试唱。2018年1月17日,《儿时》获硬地围炉夜·2017网易云音乐原创盛典"年度十大热门单曲"。这首歌相继被赖冠霖、任素汐等翻唱过。

唐映枫从未接受过系统的音乐教育,写歌全凭直觉。小时候,他也不喜欢听音乐。那时,电台节目和广播里终日播放着的是《心太软》《青青河边草》这类情歌:"稀里糊涂地跟着唱,也根本不知道要表达什么意思。"

电视机里的歌一首首切过去,唐映枫更关心《数码宝贝》《神奇宝贝》和《七龙珠》。

上初中时,表哥因工作调动住到唐映枫家里,两人一块儿听周杰伦的《以父之名》。早上六点半,表哥的起床闹钟响起,铃声也是《以父之名》。"我现在只要一听到'啊~啊~哎'的女声前奏,整个人就会醍醐灌顶、瞬间清醒过来。"

第一次接触周杰伦是在父亲的诊所里。《双截棍》在MTV电台打榜,主持人说:"这首说唱引起一股华语乐坛旋风。"唐映枫当时还在想:"怎么整首歌还没怎么唱就结束了?"

后来总算在周杰伦的音乐中听到一些自己想要的东西,比如对异域的想象。如果说《青青河边草》是唐映枫接触流行乐的起点,那么真正受到音乐的影响则是因为周杰伦和方文山。

那时年纪小，要听懂罗大佑和李宗盛太难，反倒是周杰伦、方文山那类天马行空的东西对他来说最有吸引力，也让他构建出一个对词作最初的印象。

知乎上有一条"如何评价唐映枫"的问答，其中最热门的一条回复就来自唐映枫本人——自幼习武，咬肌发达，喜欢吃土豆，虚荣且振作，不是文人。六年级时，为确保顺利小升初，他耍过四年刀、枪、棍，参加过市级、省级比赛，最后还真"混"到中考能加分的程度。

"那会儿最崇尚轻功，整天幻想着自己能在天上飞来飞去，耍棍棒和初心背道而驰，没多久就放弃了。"

贴吧时期，大家都管唐映枫叫"唐魔"，因为他"写东西割裂，价值观黑暗，像个魔鬼"。

2012 年，唐映枫结束在成都华西康复科的护理师实习工作，买了张机票，决定北上。邀请他的人是比他早一年来到北京、后来演唱《儿时》的刘昊霖。2005 年，两人在百度上的"原创歌词贴吧"相识，刘昊霖相中唐映枫一首词，直接谱曲做成 demo。那会儿大家都没什么版权意识，demo 一问世，刘昊霖当即上传至网络，还辗转找到唐映枫的联系方式，把歌发给他听。

demo 听完，唐映枫拉黑了刘昊霖。此后几年，刘昊霖常拿唐映枫的词谱曲，被他拉黑的次数也日见增多。一来二去，两人反倒成了朋友。

火车驶出四川要经过很多隧道。那天，北上的列车一启程，窗外就暗了下去。唐映枫感受着自己在黑暗中穿行，脑海中开始描摹有关文化中心的一切：文学、诗歌、电影、音乐、艺术……

一个少年即将展开与世界的对话，他也隐隐感到故乡正一点点从眼前熄灭。

2

2022年，我在创作一个长片剧本，主题即最朴素的"乡愁"。故事中，一家之主因病离世，一场葬礼将如蒲公英般散落四方的几代人齐聚在同一屋檐下，旧怨未了，新恨迭至。在重新磨合的过程中，每个人被迫重新审视自己，也审视自己与家庭、故乡的关系。

通过这次返乡，大家族中的每一个孙辈都意识到自己是没有故乡的。起初，他们是为了活得更好才离开故乡；在外漂泊久了又发现，内心越来越空，待在哪里都是一样的。因为，随着至亲一个接一个地离去，故乡最终只剩下一个空壳。

唯一一个没有这种感受的，是始终坚守在家乡的一只眼睛失明的次孙。

"那故乡对他而言意味着什么呢？"我把故事讲给唐映枫听，他这样问我。

"或许,既是温床,又是桎梏吧。他渴望外面的世界,但也知道现实条件不允许,牵绊住他的是父母最深切的爱意。"

"那他也应该有属于自己的乡愁。"

疫情期间,唐映枫往返老家德阳几次,偶尔替长辈去接小侄子放学。一次放学路上,侄子告诉唐映枫,有一回妈妈放学没按照约定的时间出现在校门口,迟到了半小时。他觉得"那个半小时很难挨,心里空落落的"。

这是一个10岁小孩全部的乡愁。

受唐映枫启发,我最终在剧本中为次孙加了两场戏。一场是次孙回忆起念小学时,母亲因途中发生交通意外没有像往常一样来校门口接自己,别的孩子都回家了,天色一点点暗下去,次孙站在校门口,一边等待着母亲,一边想象着每晚都会出现在餐桌上的一碗小菜"腌藠头"。藠头是母亲亲手腌制的。在那样一个黄昏,他站在路边,想着母亲,想着那样一碗美味的藠头,随即感到一种淡淡的乡愁涌上心头。

另一场是葬礼过后,几个孙辈受长辈嘱托对爷爷的遗物进行焚烧处理。火光中,长孙突然提议一起去爬小时候经常爬的一座山。在山脚下,次孙听表妹说起她在大城市的漂泊时光,说自己很羡慕,也"好想去看看外面的世界长什么样子"。表妹鼓励他勇敢地走出舒适区,他主动向表妹说起自己曾经的一段经历:同辈人走出校园各奔前程,都去大城市就业,但母亲却因为担心自己的眼睛失明会在社会上受歧视,坚决要把自己放在跟前照顾。18岁那年夏天,他策划了一场离家出走。在火车站,他提着行李,看到呼哧带喘赶到的母亲,看到她焦急的神色和汗湿的后背,突然明白了故乡的重量。

离开四川后,唐映枫很少吃辣。有时,午餐就是清淡的水煮蛋配鸡胸肉。一日,在老家同家人吃饭,聊到祠堂文化,舅舅坚定地表示一定要找到这种文化的源头,他把这看作是自己乃至整个大家族的寻根之旅。在很长一段时间内,舅舅都会下到乡间去打听与祠堂有关的事。舅舅告诉唐映枫:"不管你在什么地方,成为一个什么样的人,故乡对你的影响是根深蒂固的。你对自己的家乡了解越多,其实对自己的了解也就越深入。无论你走到哪里,这些都是最初影响你的东西。"

早几年,在创作中,唐映枫非常有意识地在凸显这种表达。在他的词作中,有不少是写给故乡的,尤其是在第一张个人专辑《鸟的世相》中。

"河坝、稻谷、土瓦房、灶台、蚁穴、藕汤、陀螺、火车、灰衣裳、早雾、鱼市、蚊帐,这是我六岁的故乡,烟火闲趣的模样。"(《故乡的四种死亡方式》)

"七点放工接娃娃的人,广场上暮年情谊的人,露天排档在划拳的人,凌晨醉倒在花台的人,酒桌上依次举杯的人,K歌后门在拾荒的人,柜台处帮忙插队的人,开发区单间按摩的人。噢他们……噢我们……"(《小城中》)

2004年暑假,13岁的唐映枫在父亲的书柜里找到一本大江健三郎的《性的人》(光明日报出版社 1995 年 5 月出版)。在《我们的时代》中,主人公靖男在同情人的性快乐和无能的反复中,思考日本青年不可能具备积极意义上的希望。

"这是我的性启蒙读物。"

与赖子在一起时,靖男"一边进行快乐的动作,一边思考形而上学的问题"。"理想,友谊,宏伟的共生感,这一切在我们的周围从来不曾存在过。我生不逢时,生得太晚,却又生得太早,赶不上下一个友谊的时代、希望的时代……我出生的时代实在可恶,连天空的颜色都在拒绝我们……"

与此同时,在母亲的房间里,他翻卫慧的《上海宝贝》。那是一本讲三角恋的小说,女主角同时拥有两个男友:一个是德籍有家室的上海外商;另一个是本土的作为惺惺相惜的"知心人"存在。小说主要侧重女性对于"情欲自主"的探索历程。

父母很早就分开了,各自有了新的伴侣。有几年,唐映枫很少回家,身上的乡愁渐渐淡去:"这个因素慢慢变成一个底色,在创作中不再那么外露了。"

2022 年,他在老家待了一个月,一面说"这次在老家待的时日真的超份额了",一面带母亲去小酒馆喝鸡尾酒,和她一起看阿巴斯与塔可夫斯基的电影。

"你没发现吗?试着和父母像朋友那样去相处,带他们干点儿以前没干过的事,真的挺好的……建立一种平等的关系,一份友谊。"

3

2020年,《龙出水》拍摄完毕,两年后,唐映枫开始筹备自己的第二部短片《空地》。这是一个爱情故事:一个有预知未来能力的男人,在相恋一周年的夜里,将恋人带到废弃公园的一片空地上。在这里,男人告诉女人,一个月后,她会背叛自己,在这里和情人幽会。男人提前将女人带来,是希望挽回自己尚未失去的爱情。可是更激烈的矛盾在等待着这对恋人……

故事里,男人是预见者,女人是经验主义者。

"为什么每次讨论,你总是拿已经发生和我已经意识到并且不会再犯的事情来岔开话题?"

"因为我记得。那你又为什么总是在预判还没有发生的事情,然后教我怎么做?"

"因为它真的会发生!"

"因为它真的发生过。"

人究竟该活在未来还是记忆里?这是个无解的命题。故事的结尾,男人看着离开空地的女人,并没有把她追回来,而是看着不远处居民楼中家家户户的灯开始无序明灭。

理想、乡愁、记忆、误解、童年……这些关键词无疑组成了唐映枫的全部创作，而这些创作似乎又指向着同一个命题，那就是失去，一种对珍贵之物的失去。

小时候，父亲曾送给唐映枫一只小狗，他给它取名为卡蒂，和《神奇宝贝》中小次郎最喜欢的神奇宝贝同名。他形容狗的肉身是"柔软且发颤的"，而眼睛像"浸润在夏日河谷中的黑色鹅卵石"。作为幼时最忠诚的玩伴，唐映枫整日与卡蒂厮混在一起，感知着世界的秘密。

"生命的意义在于被赋予不是吗？我幻想着自己和卡蒂形影不离的将来，但我的想象力并不长远，明天和一生的重量对我来说大致相仿。"

成年人的失去是可以预见的，但这种预见并不会减缓任何痛苦。不久后，卡蒂因误食耗子药死在唐映枫的怀中，当他抑制不住思念从坑里刨出入土很久的小狗时，见到的却是干瘪的、散发着恶臭爬满蛆虫的尸体。那具尸体让他看到了生命的真相：人活着，就是不断接受着珍重之物的离去和腐烂。

每一个深深与我们产生联结的人或事，最终无一例外都会离去或腐烂。

我们的记忆也会腐烂。

而创作是什么呢？"创作是直面现实，不断破坏、叩问、质疑，但同时也相信并且创造希望，而非以电影、音乐、文学这些载体来逃避生活。"

唐映枫一直在寻找某种介质，这种介质可以帮助自己去厘清自己,厘清自己与世界的关系。他最终发现,这个介质不是音乐,而是电影。

"任何关系都可以类比成亲密关系。创作也是在经营一种亲密关系。在创作上,音乐不是我最好的伴侣,但电影是。"

这几年,不论在生活中还是创作上,唐映枫总找不到一个明确的位置。电影恰恰给了他这个位置。

"不是电影需要我,而是我需要电影;不是电影找到了我,而是我找到了电影。"

2013年,唐映枫路过中国传媒大学,看到里面的一个编导进修班在招收学员,打算报名去学习。那时他分不清什么是编导,什么是导演,只觉得去了就能离心中的影像世界更近一步。后来,这趟学习之旅阴差阳错地被搁置,但唐映枫觉得那是一个信号,冥冥之中一定有一股神秘的力量在牵引着自己。"兜兜转转,我可能还是会拍电影。"

星空

2012年,刚刚北上的唐映枫和伙伴刘昊霖住在通州。两人衣食住行都在一起,不录歌的日子里,就出门钓鱼、打台球、去废弃旧屋中探险、吃沙县小吃、熬夜看电影……

"那会儿总去沙县点一个套餐,十几块,有鸡腿饭,还搭配一份猪脑汤。无所事事的日子里,猪脑汤都能喝出凯鲁亚克的意味。"

"在猪脑汤中勾勒出凯鲁亚克",某一时期,唐映枫认为这就是创作该干的事。

多年后,纽约街头,唐映枫陪朋友去逛展,其间,他无聊到犯困,直到后半场,一个挤满人堆的角落引起他的注意:"刚开始挤过去纯粹出于四川人爱凑热闹的天性。"

角落里摆放着一幅画,是梵高的《星空》。

一次出乎意料的邂逅。跟在惊讶、欣喜后的,是一种深深的感动——不是感动自己渺小,而是感动人与人之间的距离竟然可以那么近——来自天南海北的、打扮各异的、从事不同职业的人围在一起,他们拥有不同的经历和思考,但此刻,他们被同一片星空的美所震撼。这种共通的情感链接,似乎才是创作中应该要追求的。

创作终于不再是在一碗猪脑汤里喝出凯鲁亚克式的自我意识过剩的感动了。

对话唐映枫　　当创作不再是猪脑汤里的"凯鲁亚克"

王秋璎　　你第一次写歌词应该是在 14 岁。

唐映枫　　对,四首词,每首报价三百块钱,我挣了一千二百块钱。

王秋璎　　你词作里的某些表达,整体指向性都还蛮"空"的,没有那种一定要在字里行间塞满观点的感觉。

唐映枫　　它的走向有时确实是抓不到的,我本身也不是一个一定要输出什么观点的人,写词更多看的也是一个整体的意境和感觉。

王秋璎　　你是从"词"进入音乐的,很多人做音乐的时候可能会去找一个对标、一个参考之类的,你写词会吗?

唐映枫　　我是以词为主,然后才慢慢接触音乐。所以我不会用词去参考词,思考更多的是文字跟音乐的结合。词不同于诗歌,不同于任何一种文字载体,这个东西是无法脱离音乐的。一个作家、一个诗人不一定能写出一首好词,但也有例外,像北岛,他的很多诗歌读出来气韵很舒服,填上曲之后也觉得好听。

王秋璎　你听过尹吾的歌吗?
唐映枫　听过。

王秋璎　感觉怎么样?
唐映枫　他做的北岛那几首诗,从音乐层面来讲是比较粗糙的,但艺术性挺好。

王秋璎　很多创作者都不信任语言,所以也常有"被误解是表达者的宿命"这个说法。
唐映枫　当我们运用语言和词汇时,本质是在运用一种生命情感,而生命情感本身就无法再被还原成一种精准的语言。比如,我们对于关系的描述有亲情、友情、爱情。那介于这些情感之间的关系,应该用什么词来表达呢?友情和爱情之间,还有一个词,叫暧昧。那暧昧和暧昧之间呢?好像没有词了。但那种不可言说的情感是确实存在的。

王秋璎　我昨天在知乎上看到你回答了一个问题,就是说国外的民谣和中国的民谣有什么不同。
唐映枫　其实我想把国内的民谣,就是现在的独立音乐单独拎出来说，因为很多人会觉得民谣最本质上有那种社会反思的属性，或者是土地呀、家乡啊这种东西，但其实不是这样子的。民谣嘛，每个国家的民歌都不一样。像墨西哥的民歌，它可能就适用于一些祭祀仪式，所以很欢乐；日本的话，他们的歌词就像那种俳句，很美。

王秋璎	那你觉得中国的民谣是什么样的？
唐映枫	其实大家现在一直在对比的民谣是美国民谣。美国是一个移民国家，他们没有历史，民谣也没有确切的起源，因为它是从公共传统中有机地发展出来的，而不是为了娱乐或牟利。最早的时候，民谣就是在乡村、山间一带传唱。然后在某一个特定时期，他们也大量创作和种族、政治有关的东西。所以，我觉得美国的民谣和摇滚是不分家的，是一体的，只是表现形式不一样，但现在大家对标的，看起来又好像是最早的那种乡村民谣，甚至有时候，听众也觉得，民谣就该是美国早期民谣的那种样子。但中国民歌的历史其实很早，从先秦时期的《诗经》，然后是汉乐府。虽然这些东西的谱子已经遗失，但它们的本质就是民谣、民歌。

王秋璎　后面这几年，我们聊音乐的部分很少，但是聊电影很多，我有一种感觉，就好像是你的重心越来越往电影上靠了。

唐映枫　我其实更多时候是把自己当作一个创作者，电影、音乐、诗歌、小说……不管什么形式，其实都只是一个载体，重点是依靠这个载体，我要搞明白什么，我和世界的关系是什么。

王秋璎　做第一部短片《龙出水》的时候，在视听或者风格上有参考过别的电影吗？

唐映枫　很多啊。在做视觉解析的时候，我参考了《何处是我朋友的家》《一一》《灯塔》《遗忘诗行》《迷雾》等。

王秋璎　关于"审美标准"这件事你怎么看？以前上学的时候，我记得有位老师提到过自己对审美的判断标准，他说这东西是根据自己的心出发的，你不可能要求所有人都去喜欢阿巴斯、塔可夫斯基、贝拉塔尔，这时如果有一个人说他喜欢《阿拉丁神灯》就是丢人的，事实上这一点儿也不丢人。

唐映枫　一定是这样子的，是根据自己的心出发的。阿巴斯、塔可夫斯基、贝拉塔尔我都很喜欢，另外像李沧东、小津安二郎我也很喜欢，但这并不妨碍我喜欢《阿凡达》和《三体》，我觉得大家好像对于审美存在一个误区，并不是说市场的、符合大众审美趣味的东西就是低级的，其他的就是高雅的，这不是个二元对立的东西，就好像好莱坞和法国电影，它们也不是对立的，只是受众趣味和剧作模式不同罢了。

王秋璎　感觉你物欲好像不是很强烈，也没有买房、买车这一类的需求。

唐映枫　车子可以有。房子目前就还好。（笑）其实我觉得都还好，能够维持基本的生活就够了。我觉得很多东西都是自然而然的，我不是个爱耍小聪明的人。小聪明能够救你一时，救不了你一世，所以野心不野心的，就还是踏踏实实地来吧。

王秋璎　你应该常被问到"突破"这类的话题。我自己的一个理解是，词人的突破很难被看到，他不像诗人、小说家、画家，文字就是文字，词人中间隔着音乐。

唐映枫　词人是一个工具，是音乐人／唱作人抵达听众的一个工具。一个听众如果把词人写给不同音乐人的词作看完、听完，有一个横纵向的感知，可能会稍好一点儿。

王秋璎　你本身是学医的，我们也聊到过"生死观"这类的话题，你说学医的经历反而让你见到了更多乐观死去的人。那你自己第一次对死亡有认知是在什么时候？

唐映枫　应该是我外公去世的时候。有一天，我回家，看到家里围着好多人，我就看到我爸在奋力捶打外公。我当时还不明白，觉得爸爸为什么要打外公？他其实不是打，而是在抢救，就是捶胸，婆着哥哥、姐姐都回来了。我才知道外公要死了，那时候还没成年。成年后感知到死亡，就是祖奶奶的去世。这个其实是隔代亲了，但我最近看张艾嘉的《相爱相亲》，还是想到了祖奶奶。就是电影里有一个薄荷糖的镜头，那款薄荷糖就是我小时候祖奶奶经常会给我买的，印象太深刻了。电影真的太特别了，一下子就能把很鲜活的记忆提取出来。

王秋璎　我见你家里有个书架，另外你也给我推荐过不少好书，像吉尔·德勒兹的《差异与重复》、程大锦的《建筑：形式、空间和秩序》、上野千鹤子的《父权制与资本主义》等。你习惯读电子书还是纸质书？一般会怎么选择平时要读的书？

唐映枫　我读电子书多一点儿，一般特别喜欢的就会买一本来收藏。人文社科读得比较多吧，读哲学书，也读诗歌，我读小说比较少。有时候朋友看到好的，也会给我推荐。我觉得阅读是一种对话,读书一定是和个体的经验相照应的。

王秋璎　作为一个词作人,你觉得满足吗?
唐映枫　词作人?我没有一刻活在这个身份认同里。局促而幽默的十年。但也因此而亲近了创作,所以我们坐在这里,多好。

陈楚生

十年一觉音乐梦

"我去下洗手间。"

2008年深圳世界之窗跨年演唱会前一晚,撂下这样一句话后,陈楚生消失了。凌晨两点,他在百度贴吧给"花生"留言,说自己"不会参加跨年演唱会"。

父母、朋友、公司同事……没人能找到他。唯一的线索是留给经纪人的一封信:"失踪是一个下下策。我不后悔离开,只是自己当时没有处理问题的能力和思维,选择另外一种方式。因为这件事情它所影响的不只是我一个人,还有我的家人。"

时隔多年,陈楚生整理杂物时看到当年写下的日记:"连续五天,没有一天是开心的,字里行间那种痛苦骗不了人,最后肯定是要离开的。"

这次出走摧毁了一切。选秀冠军成为被告,坐上审判席。在长达四年的诉讼中,不止陈楚生的所有演出暂停,他还被天娱传媒有限公司提出索要六百五十万的天价赔偿。过去十年,陈楚生一度怀疑,升上半空,再被狠狠抛下,是草根逐梦的宿命。

离开前,陈楚生和天娱传媒之间的解约拉锯战已持续了近三个月。2008年9月,陈楚生首次提出解约,为避免给即将启动的第二届《快乐男声》造成负面影响,天娱传媒口头承诺将尽快解决此事。不久,湖南卫视人事变动,2008届《快乐男声》夭折,解约一事再度被搁置。

摩登天空创始人沈黎晖作为2007年《快乐男声》的评委,曾针对陈楚生解约一事发表过看法:"消失只是一个结果,消失之前肯定会有很多让人不爽的事发生,趋于比赛结果而言,天娱传媒可能会妥协,但一旦比赛结束以后,他们可能不会妥协。"

比到倒数第三场时,陈楚生想过退赛。张爱玲曾说"出名要趁早",但"人红是非多"的日子也来得很快。媒体开始拿着放大镜审视陈楚生的生活。就像一个漂亮的花瓶,一方面,人们想要搞懂它为什么如此光鲜;另一方面,他们想要看看花瓶有没有什么瑕疵。

"一点儿小细节就刨根问底、无限放大。有说我为参加比赛抛妻弃子,是现代版陈世美的;有说我女朋友是资产千万的富家女的。很多说法都自相矛盾。"

在《鱼乐圈》里,他描述过内心的无奈:"当自由和自在都远去,说再见都来不及,所以我感到恐惧,所以我无能为力,游戏依然继续。"

即便做出让步,他的音乐之路也走得异常艰难。历经整整十年,陈楚生才变成一名真正的创作者,而不是"某个艺人"。他成立了个人工作室,和相识多年的好友王栋、陶华组建SPY.C(侦探乐队),以独立音乐人的身份发行唱片,再度出现在大众视野。新专辑《侦探C》上线时,是2017年3月。此时,距离他站上选秀舞台已过去近十年。

十年来,陈楚生变了,外在的世界也变了。他看上去比荧幕上消瘦了许多,说话语速很慢,唯一不变的是他依旧是那个安安静静抱着吉他唱歌的男孩。

做乐队、发专辑、出演电影《无问西东》……一切都在慢慢步入正轨。2022年,在一档综艺节目的录制后台,陈楚生与十年未见的2007年《快乐男声》总导演、天娱传媒前总裁龙丹妮用一个拥抱为一切画上了句点。

"我从来没想过要去对抗什么,当初只是遇到问题不知道怎么解决,所以选择了逃避。那件事里面,也没人刻意去做恶人,过去那么久,很多东西我早放下了。"

审视这十年的音乐旅程，陈楚生仿佛做了一个长长的梦。

"十年一觉音乐梦。"

1

1994年的一个夏日午后，陈楚生逃课了。这个决定彻底改变了他的命运。

那是一个至今回忆起来仍旧觉得恍如梦境的场景：在朋友家中，陈楚生无意间拆开一盘录像带，一按下播放键就再也挪不开视线："看完之后内心久久无法平静，整个大脑也无法接收来自外界的任何信息。"

1991年，Beyond举办"生命接触"演唱会，演唱会连开五场，最远到海外的马来西亚吉隆坡体育馆。在香港红磡体育馆举办的这一场，是他们音乐生涯中播放频次最高的。陈楚生和几个对吉他略知一二的少年一起挤在小小的电视机前，心中的热血被点燃。那个夏天，主唱黄家驹的红色西装成为某种象征。

一种想要唱歌的念头疯狂涌现。"觉得音乐是有生命力的、有温度的，想要通过它找到自己在世界中的位置。"

上初中二年级时，周围的同龄人开始大量接触流行乐，班里的交流氛围十分融洽，晚上大家把录音机拿出来，到操场上开着，甚至骑着摩托一路放音乐。

16岁生日那天，哥哥送给陈楚生一把吉他作为生日礼物。从此，他整日躲在房间里和音符打交道，沉浸在自己的音乐世界里。

李宗盛在《阿宗三件事》中描述过自己成名前的生活："我是一个瓦斯行老板之子，在还没证实我有独立赚钱的本事以前，我的父亲要我在家里帮忙送瓦斯。我必须利用生意清淡的午后，在新社区的电线杆上绑上电话的牌子，扛着瓦斯穿过臭水四溢的夜市……这样的日子在第一次上《综艺100》以后一年多才停止……"很长一段时间内，陈楚生正处于这种不得志的状态中。他在海南三亚育才农场出生，父母都是农场退休工人，家境贫寒，哥哥因一次车祸变成残疾人，干不了体力活儿。

高中毕业后，陈楚生选择辍学，在自家的摩托车修理行帮工。每天八点起床，上班灌机油、拆发动机，下班烧饭、洗衣服，这种两点一线的生活持续了两年。

17岁，同龄人各奔前程，陈楚生不会写谱，凭着感觉写下人生中第一首歌《想念》。歌里有青春期的忧思，也依稀能够看到Beyond的影子。

"还记得我们一起逃学吗？还记得我们一起抽烟吗？还记得我们曾经说过的那位漂亮女生吗？还想念我们的小店吗？还想念我们的沙滩吗？还想念我们曾经走过的那段光辉岁月吗？"

2

2000年，陈楚生19岁，决定离开父母去"深漂"。

在深圳找到的第一份工作是盒饭送餐员。这是一份不需要技术含量的工作，只需每天按时按点骑着二手自行车，将两边车筐内的盒饭派发完毕即可。一个月有五百块钱的薪水，不多，但足够日常开销。送了一个月盒饭后，陈楚生留意到餐厅对面的小巷子里有一间琴行。"上面贴着招生信息，一月学费四百块钱。"他咬咬牙，给自己报了名。

第一次上课，陈楚生就把老师"震"住了。"他觉得自己水平和我差不多。"一来二去，两人处成了朋友，老师还带他认识了很多在本地玩音乐的人。

不久后，在朋友的建议下，陈楚生穿着一身不合身的衬衫和西裤，跐着一双不知从哪儿淘来的不跟脚的廉价皮鞋，走进了酒吧。台上的歌手一首接一首演绎英文歌，前去试唱的他信心瞬间减掉大半。在海南，陈楚生从没听过英文歌，后来过了好久，他才知道，那些歌曲一半来自流行天王迈克尔·杰克逊，另一半来自摇滚乐队 Nirvana（涅槃乐队）。"当时我太土了，穿得也奇怪，全凭唱功打动了老板。"

开始驻唱后，陈楚生像一只猫头鹰，昼伏夜出，穿梭在城市中的各个酒吧里。那是一段无论如何也无法复制的特殊时光，大把青春和荷尔蒙可供挥霍，既快乐，又奢侈，还带着些许罪恶："酒吧是全世界最让我感到松弛的地方。"白天，骑着自行车在城市中肆意穿梭，路过酒吧看到招聘驻唱歌手，就把号码记下来，挨个儿去试唱。傍晚，夜色垂下来，陈楚生和来自五湖四海的驻唱伙伴一起散步溜达着到酒吧，一路上总有聊不完的话题。"能够干自己喜欢的事情，又能够养活自己，太开心了，快乐到不知道以后要干什么。"

重复的生活也会令人生厌。日子平静时，陈楚生日复一日地扯着嗓子弹唱重复的曲目，成为都市男女谈话的背景音；日子不平静时，他需要应付撒酒疯的客人。一次，客人喝多了，冲到台上拔掉吉他电线，摘掉他的帽子，还往他脸上泼啤酒。一瞬间，陈楚生被气到脑子一片空白。"简直侮辱人。这样的事经历多了，有时候也会迷茫，觉得看不到未来。"

那晚，陈楚生回到家里，整晚睡不着。他回想起自己离家前曾对父母许下的豪言壮语："我有喜欢的事情，为什么不能去努力一把，为什么人生就只有这一个选择，我的人生应该由我自己做主。"

他陷入了深深的迷茫之中。他从没想过，离开家乡后，往后的人生似乎很少有能自己做主的时刻了。

"一切都是那么言不由衷。"

3

2003年，陈楚生和女朋友租住在深圳城中村一间二十平方米的房子里，夏天没有空调，全靠小风扇。女朋友鼓励他去参加湖南卫视举办的"全国PUB歌手大赛"。这是一档酒吧歌手竞技节目，也被观众誉为选秀节目的"鼻祖"。这档节目的制作人是后来赫赫有名的《我是歌手》的总导演洪涛。

PUB曾为华语乐坛输送过许多新兴力量，像韩红、杨坤、张靓颖、彭佳慧、黄小琥等知名歌手，都是从PUB走出来的。

陈楚生一开始有些犹豫，一来性格腼腆，二来不想"抛头露面"。女朋友再三鼓励他："多交点儿音乐上的朋友也是好的。"最终，陈楚生捧回了冠军奖杯和三万块钱奖金。决赛现场，坐在台下的评委有华纳、滚石、星文、王大、新索等十二家华语唱片巨头的老总，夺冠的那首成名曲就是后来传唱度仅次于《有没有人曾告诉你》的《姑娘》，这次比赛还为陈楚生带来了一份珍贵的礼物：来自百代唱片公司的签约合同。

合约期内两年，陈楚生并未如愿发行专辑，解约后组建乐队"蓝雨"，但寿命很短，多处辗转只能重新回到酒吧作跑场歌手。

2005年，现象级选秀节目《超级女声》风靡全国，李宇春、张靓颖、周笔畅等一众歌手脱颖而出。两年后，《快乐男声》应运而生。2007年4月21日，陈楚生飞往西安参加《快乐男声》海选。

赛区里五十个男孩,总导演对陈楚生印象最深:"很有礼貌,斯斯文文。"凌晨,陈楚生排练完出门吃夜宵,出发前跑到导演门口打招呼:"导演,我出门吃点儿东西。"吃完回来又知会导演,"我回来了。"

比赛尚未结束,陈楚生就获得不少褒奖。队友苏醒把他视作唯一的对手,许巍夸他"从容、成熟、真诚"。最终,他以三百多万票数的总成绩打败苏醒、魏晨、张杰等人,成为冠军。

比赛结束后,陈楚生签约天娱传媒,成为公司力捧的对象。他的日程和通告排得很满,很难集中精力创作,只能利用出差路上、酒店起床和睡前间隙写歌,其余时间则全被表演、录VCR、上通告、参加综艺节目塞满。一天辗转三个城市,演出一场接着一场,每天睡眠不足三小时。

不可以说自己在恋爱,不能袒露自己的负面情绪,不能得罪别人。既然有"不",就有"要"。要好,要红,要变现。这个要求可以做出更具体的解读,要形象好、表现好、要人气高、流量高,最后也是最重要的一条,就是要能挣钱,可以帮公司获取更大的利益。"可我是一个正常人,正常人就会有七情六欲,也会有和这个社会不兼容的部分。那阵子觉得自己什么都像,就是不像一个歌手。"

矛盾的导火索还是出在创作上,天娱传媒希望花十天时间为陈楚生打造一张个人EP(迷你专辑),但却没有留给他创作的时间和空间。"那十天中大部分时间是在巡演中，又没法儿写歌、唱歌，还有一天要拍摄MV。"这种安排对陈楚生的创作热情是一种巨大的打击和剥夺："创作能真实地表达我的状态、思想和价值观，我很喜欢通过音乐来分享我在生活里面感受到的东西。我对物质没有那么强烈的追求，我只想有一片可以创作的土壤。"

一番协商过后，天娱传媒表示还是愿意尊重陈楚生，为他提供一定的创作环境。不久后，管理层大换血，承诺又被推翻，沟通的成本变得更高、更困难，甚至看不到任何希望。"在合同当中，甲乙双方应该是公平的，大家一起完成一个共同目标，而不是甲方给你构造一个东西，把你塞进来，作为一个他认为合适的角色，我觉得这是错的。从履行合同这一块来讲，甲方就是有问题的。但这也是娱乐圈的生态，谁都没办法改变。"

一句"你的世界我不懂，说什么都没有用；我的世界你不懂，就别勉强再沟通"，宣告了陈楚生最后的姿态。

2007年的冬天很冷，天空飘起大雪。陈楚生借情歌《一个人的冬天》委婉表达心境："这个冬天没有给我惊喜，没有给我曾想象的画面，也许久违的雪，也许从未来过，也许故事从未发生过。"

梦想和名利，都是闪现的昙花，来过，刹那绽放过，很快又枯萎。歌曲末尾，他低吟，"剩孤单一个我"。

4

2012年11月24日，解约官司以陈楚生发出的一封公开致歉信落下帷幕："之前是我太极端，感谢湖南卫视的知遇之恩和天娱传媒的培养，对自己此前的行为表示歉意。"

四年的官司耗尽了一切，包括对音乐的热情。四年间，陈楚生试图用一些行动来化解自己心中的郁结，比如钓鱼、踢球、打桌球、在海边放空自己。

第一个"打捞"他的是华谊兄弟的老板王中磊。他希望保留陈楚生身上的单纯，让他不被过度娱乐化。不久后，华谊兄弟签下陈楚生，并陆续为他发行了《冬去春来》《影之传说》《瘾》《我知道你离我不远》四张专辑。王中磊对原创音乐的支持给了陈楚生不少安全感："楚生跟年轻时的齐秦一样，歌声很有张力和感染力，还是希望他能够认认真真地坚持音乐创作。"

在华谊兄弟，陈楚生迎来商业上的黄金时代：在工体举办个人演唱会，担任陈坤、许巍、孙燕姿演唱会表演嘉宾，为电影《山楂树之恋》《狄仁杰之通天帝国》《风声》献唱主题曲，举办全国巡回演唱会，以平均两年一张的频率发表原创专辑。

一切好像出现了转机，但一切又都停滞不前。《我知道你离我不远》制作期间，陈楚生一度陷入瓶颈。"想写歌，可是没有什么感觉，写出来自己也不满意。"限定时间内的创作，让陈楚生很急，很无力，依然躲不开日复一日的商演。他开始反思,"在这个行业或者是在面对音乐的时候,我究竟做了多少"。

19岁离家时面对父母那股劲儿又上来了:"喜欢的事情就要搏一把,人生由自己做主。"

2014年上半年,他只身跑到纽约学音乐。那段时间,既是间隔期,也是目标调整期。大部分时间就自己待着,感知自我,感知外部,重新找到一个把自我和社会嵌合的方式:"我必须有个选择,如果继续做音乐,该怎么做?如果不做了,就趁早别在这个环境里折腾了。"

与华谊兄弟的合同到期后,他终于任性了一把。

"还是决定自己为自己做主。"恢复自由身,成立工作室,并和多年好友王栋、陶华组建SPY.C,希望成为一个像Beyond和Nirvana那样能够影响他人和时代的乐队。

没有商演和通告压力后,陈楚生的状态松弛了不少,他会花上一整天的时间待在录音棚里,和乐队磨合咬字、音符、节奏、音色,直到自己满意为止。经过两年反复打磨,陈楚生和乐队在地下室改造的录音棚里,制作出自己和乐队的第一张新专辑《侦探C》。

陈楚生是个念旧的人,结婚对象是交往了十三年的女朋友,乐队成员也都是认识了十多年的老朋友。这些年,要说生活有什么其他巨大的变化,大概是多了一个"爸爸"的新身份。

2014年,陈楚生拥有一个儿子,取名Demo。陪妻子去产检时,他第一次在仪器前听到孩子的心跳声,既兴奋又紧张,迫不及待地拿出手机录下来。回家后,他反复播放孩子的心跳声,脑海中闪过无数画面、音符和情绪,最终以他的心跳速度写出一首同名歌曲《Demo》。

"Demo 在音乐中是小样的意思,跟我的创作也息息相关。刚诞生的小生命就是一个 Demo,希望他在成长过程中能够不断丰满自己的人生。"

儿子出生头两年,妈妈常问他:"去哪儿找爸爸?"

Demo 奶声奶气:"地下。"

这么多年,陈楚生一直觉得自己是个外柔内刚的人:"不愿给别人添麻烦,但很多时候内心又有自己的坚持。"《快乐男声》10 进 1 决赛中,每人可唱三首歌,陈楚生坚持选择三首慢歌,其中还包括两首原创。出于竞赛考量,导演组轮番上阵劝阻,陈楚生彬彬有礼地答着:"好。"但始终不上报替换的快歌,最终看导演组愁眉不展,意识到给别人工作带来了困扰,他才主动更换了一首略微轻快的歌。

陈楚生有时也会想,自己这种性格是不是跟家里一直做生意有关系。做生意就要时刻照顾客人的感受,要努力去抓住对方的心,所以就会一直很客气。而且自己祖籍在潮汕,对潮汕人而言,人家来你家里或者对你示好,你如果总板着一张脸,也是一件很不礼貌的事情。有时他也会害怕,放不下内心的坚持就是某种程度上的固执。

一个固执的人活得不会太容易。

2020年，宝丽金公司正式成立五十年，陈楚生作为环球音乐特邀宝丽金中国推广大使之一，翻唱EP《忘不了》作为致敬。这张EP中收录了童安格的《忘不了》、刘德华的《来生缘》、王菲的《棋子》、Beyond的《冷雨夜》和张学友的《吻别》五首怀旧热门金曲。唱起《冷雨夜》时，他的记忆被拉回刚到深圳时。一次，他坐车去酒吧赶场，外面下起雨，到站后，司机放起Beyond的《冷雨夜》，黄家驹一开嗓，陈楚生就哭了。

那种感觉他至今不知道怎么描述。不可否认的是，那滴眼泪是一切的起点，是初心。

对话陈楚生　　　　　　　　没有绝对正确的选择

王秋璎　你是通过选秀出身的。时过境迁,你觉得选秀节目带给你的是什么?

陈楚生　选秀节目把我带到台前,增加了我的曝光度和知名度,也从某种程度上刺激了我的创作,让我更善于通过音乐这种形式来表达自我。最初我参加比赛的想法很简单,站在舞台上演唱自己的作品,通过听众的反馈来了解作品的成熟程度。

王秋璎　后来你一共签过三家公司:百代唱片、天娱传媒、华谊兄弟。

陈楚生　对。其实更换公司也是常有的事。百代唱片是因为对方两年内没有按照约定给我发唱片,华谊兄弟就是经纪约到期,没有再续了。其实,签约公司就意味着进入某种体制,但我觉得体制不体制其实不打紧,我还是希望大家通过音乐来认识我。中国大部分音乐公司可能现在变得不太专注于音乐,而侧重在一些别的东西上。

王秋璎　　关于和天娱传媒解约的原因，一直众说纷纭。

陈楚生　　签约天娱传媒时，我已经27岁了，我不喜欢被过度关注，被人过度关注后随之而来的就是会被要求去做一些事情，但是有一些事情是我不喜欢的，我不想做的。签约初衷都是为了更好地做音乐，所以会有一些关于自己的音乐的想法。我又是一个不太会拒绝别人的人，很容易为了别人的无关音乐的其他要求而伤害自己，委屈自己去做这些事情，所以当时觉得这家公司不那么适合我。

王秋璎　　早年在电视剧里听过很多你的音乐，像《夫妻那些事》《爱上女主播》《旋风少女》。这类创作一般都是命题作文？受限吗？

陈楚生　　其实我没觉得太受限制，电影和音乐有很多共通性，比如画面感。我自己创作的作品大多偏向于自我表达。一个人有很多面，在表达的时候肯定渗透了自我，所以我觉得每首歌都有自己的表达蕴含在里面。

王秋璎　　《侦探C》算是你的一种自我突破。

陈楚生　　我之前一直走抒情风，和我声线也比较贴。这算新的尝试吧，我不害怕别人说我变了之类的，我在意的还是想呈现的音乐的画面感和音乐的颜色，这很重要。因为同一首歌每个人听到以后的感受都不一样,我也需要听众的回馈。

王秋璎　这张专辑里面运用了大量的"模拟合成器"。
陈楚生　对。对这个东西的触动是来自 James Bay、Moby 和 Bob Moses 等一些乐队。模拟合成器在 20 世纪六七十年代就已经被使用,后来慢慢地淡出音乐人视线,但同许多其他事物的发展规律一样,当数字音乐占领市场很多年后,听众慢慢厌倦了单一的音色感觉,于是人们又怀念起模拟合成器那温暖、宽厚的声音。这个时代模拟也替代不了数字,数字还是大的趋势,但是在科技里寻找温暖的、质朴的、原始的声音时,模拟合成器就是最好的选择。

现在科技很发达,现代人的思维方式也很多元化。看一场演出,满足你的不仅仅是听到的,可能需要在空间或者视觉上去延伸,去感受不同的震撼。以前用收音机听歌觉得很好,现在回过头去听,可能就不这么觉得了。所以,这个时代"模拟合成器"再出现是必然,是数字的反省和补充,也是推动数字音乐进步的进程。

王秋璎　SPY.C 是你的第三支乐队了,前面有"蓝雨""Big

Boy"。

陈楚生　前面两支乐队的时间都不算太长，分别是一到两年的样子。那时候乐队的"存活"时间短，可能是因为磨合不够，在音乐上的默契可能也不够，而且那时候我们年轻气盛，不太懂得包容彼此。现在的SPY.C里面，有两个和我已经合作了十年了，是我从深圳带来的——Big Boy 里的吉他手和键盘手。然后来北京后加入了鼓手和贝斯手，他们是2009年左右加入的，到现在也有七年的时间了，彼此了解很深，在音乐上也有共识，他们通过演奏我的歌，对我的了解就更深入一些。

原来的乐队没有自己的风格，这次是希望摸索出自己的风格。现在慢慢成熟了一些，这张专辑的整个曲风都比较统一，包括现场演出的整体性也很强。

王秋璎　乐队名字蛮有趣的。

陈楚生　"SPY"是侦探的意思，我觉得侦探是一个很有趣的职业，他们很沉稳、敏感，对事物有一个自己独特的角度和思考。我们做专辑就像破案，我们经常听过去的作品总结经验，用"减法"去掉多余的东西，然后完善从前的不足。抽丝剥茧，不断突破自我，去发现新的东西。希望像一名侦探一样，对生活周遭抽丝剥茧，去发掘音乐上的无限可能。

王秋璎　《侦探C》前三首歌给人的感觉就是一个歌手对过去经历的态度和对自己重新上路的自我要求。

陈楚生　算是吧。我觉得作品没有最好只有更好，所以不管怎么做，都多少会有一些遗憾吧。这张专辑如果再给我重新录制一次的机会，我觉得会做得更好。

王秋璎　《35》里面有句词我印象蛮深刻的："在纷乱的是非面前，观点不再轻易表露，在现实和自我之间，学会妥协不再盲目。"

陈楚生　在25岁的时候，很多事情不会去思考太多就去表达、去做。任性和冲动是属于那个年龄的一个特征，无畏嘛。现在不一样了，不得不选择性地去做一些事情。学会妥协不再盲目，这种妥协是相对的。比如，你25岁和35岁遇到同一件事，你的处理方式肯定会不同。所有正确的选择，只能在事后侥幸；所有错误的选择，只能在事后后悔。在你进行选择的时候，没有对的选择。这就是我真正想表达的。

王秋璎　但《秘密》就柔软很多，也迷茫很多。

陈楚生　其实是一样的，也不矛盾，35岁的人也有他的理想主义和迷茫。《秘密》只是更加敢于面对自我，以前不愿意承认自己脆弱的部分，但成长到一定阶段，你才有勇气面对自己的脆弱。《35》里的我好像活得明白了，"你的世界我不懂，说什么也没有用；我的世界你不懂，那就不用勉强再沟通"。这就是我当下35岁的态度，就是一切尽力就好，其他的不必再过多勉强。而《秘密》就是在镜子里审视自我的一个状态。

王秋璎　最近还有去酒吧唱歌吗？新专辑巡演会不会考虑去Live House？

陈楚生　前几天还去朋友的酒吧唱歌了，但就是去玩。如果要做专场演唱，那酒吧的设备可能就达不到要求了。如果设备没问题的话，我不排斥去任何地方演出，其实歌手、乐队本身就是需要一个舞台去维持自己的状态，所以唱一唱挺好的。大家所说的"酒吧回不去"，通常是指设备达不到要求，而不是不愿意去。

我是想去Live House演出的，场地小，与听众近，在那儿的时候细节能被观众看得很清楚，可以直接地感受观众对你音乐的反应，你只需要去享受唱歌的过程，以及和听众之间的分享与互动。

王秋璎　　现在选秀节目在国内依旧保持着源源不断的生机和活力，大型的原创比赛也很多，像《中国新歌声》（原《中国好声音》）等，以后还会考虑参加类似节目吗？

陈楚生　　其实之前有一个节目找过我，但是我想要带我的乐队去唱我想唱的，可能他们就不太能接受。如果按照套路走，是很没意思的事情。恶搞和综艺性太多的东西我可能也暂时不考虑了。不过，如果带上乐队一起去，调性又很符合我们观念的话，还是会考虑的。

王秋璎　　《侦探C》预计什么时候正式发行？会有巡演等其他相关计划吗？

陈楚生　　明年3月份就正式发行了。巡演的话，也差不多是那个时候，目前希望能做到十五场左右，计划是十座城市，具体的还没定。

王秋璎　　成立工作室，以"独立音乐人"的身份继续进行创作，这个"独立"怎么理解？创作的自由还是其他？

陈楚生　　独立对我而言，更多的是意味着创作上的自由吧。之前也在公司做过两三张唱片，不能说那些作品不好，毕竟当时的自己也尽力了，但还是会受到所谓市场需求的影响。当然现在做音乐也不是完全不考虑市场，那样的话，就不太"35"了。而且我从来不觉得自己很小众，只是作品中有更多的独立思考。我不是那种高冷拒人千里之外的人，只是不想太随着人潮去做事，但我认为的美也不是市场流行什么就去做什么，那样就没有自己的思考了。这就是一种创作上的自由，我会比较享受那个过程。

王秋璎　现在"版权""知识付费"这些东西是大势所趋，乐迷购买数字专辑的消费习惯也蛮普遍的。
陈楚生　对，版权是应该被重视的，这是很正常的现象，劳动者应该获得他应有的劳动成果。如果你创作一首歌花了两年，加上制作费、混音、编曲等多种费用，这都需要成本。这是一个相互理解、相互尊重的事情，这样整个市场才会好。我之后可能也会尝试一下这一块儿。

王秋璎　最近在听什么音乐？
陈楚生　听窦靖童。

王秋璎　我蛮喜欢她。她挺有灵性的，也很特立独行。
陈楚生　她的音乐表达了一种生活的状态，有很多自我的部分和独立思考，也是有引领能力的。有些音乐就是会让人听到一种生活的反思和态度；而有些音乐只是在迎合市场，大多数人喜欢什么他就做什么，没有自我的独立思考。我觉得窦靖童的音乐属于前者，能带给人一些精神层面的刺激和思考。

王秋璎　你人生当中做过很多次选择。不管职业上的还是生活上的，有什么特别后悔的事吗？

陈楚生　没有。因为不存在绝对正确的选择。每一条路都一定是有所取舍的。成长就是教会你为了自己活着，且永不后悔。

第一辑 自在独行

这一趟音乐的路，走得好辛苦。在东方与西方、传统与现代、严肃与通俗间，我几乎是一路跌跌撞撞摸索过来的。

——罗大佑

罗大佑
当年离家的年轻人

一个人最大的秘密藏在家里。没有人比写过三次《家》的罗大佑更明白这一点。《家》是一个圆,圆的起点是自己的童年,终点是女儿的童年。从《家 I》走到《家 III》,从1984年到2017年,罗大佑30岁离家,63岁归家,过客变归人,中间横跨三十几年光阴。女儿的出生让他内心慢慢安定下来,也将家淘洗出新的意义。

家从一开始的渴望"逃出的地方",变为现在的"骨肉愈合团圆"。

2019年,"当年离家的年轻人"巡演北京站,当观众陆续入场时，迎接他们的是罗大佑在2010年开始提笔构思的《家III》："给我个温暖的、满怀着温暖的、彼此关照的家庭，让兄弟姊妹怀抱父母慈祥的爱，依然成长在心灵；给我些温暖的、体谅而坚强的、彼此保护的心情，但愿成长在日后寒暑狂风暴雨里，有颗不变的心。"

小号、弦乐、童声合唱……所有的观点和感情都在音符里。从前，罗大佑写家，是个体旅居在外对环境的感受。当转换身份成为爸爸后，家是一个更具象、有机的整体，变为幸福的源头。

客家人重在一个"客"字，漂泊是刻在他们骨子里的基因。曾经，父亲带着一家人从台北跑到苗栗，再跑到高雄。1984年年末，罗大佑离开台北，一路辗转至纽约、香港、上海、北京，最后又回到台北，像只风筝般飘来飘去。

搬家对他来说是稀松平常的事。选择不做医生意味着与一段稳定的生活告别。婚前，他像个吟游诗人，四处走，四处唱，四处看风景。每到一个新地方，罗大佑就会本能地告诉自己，要从里面找到一种新的生机和乐趣，让生命更强壮，写出来的东西触角更宽广。

少小离家老大回。离家时，罗大佑说一个人最不会形容的就是自己的家乡。回家后，他身上开始逐渐显现出巨蟹座恋家的本质。他喜欢鼓捣房子，把家装饰成自己喜欢的样子。好友马家辉说他是个对生活很有主见和要求的人："住的房子要挂什么画，选哪些特别的家具，他都会自己去做，很有效率，也很有品位和闲情。"

再次回到台北，罗大佑对家的情感更接近于曾在《昨日遗书》中写到的对母亲的情感："反正世界上有一个人，不论你怎么和她吵得不愉快，不论你怎么去忽略她的存在，不论她自己有多少心事而你可以不管，不论你跑得再远，离家再久，她会原谅你，而且她对你的关怀永远可以保持在一样的温度。反正你根本不在乎，事实上，你吃定了她。"

2019年，我和爱人祁湘相约一起去工体看罗大佑。巡演前一周，我收到祖父去世的消息回家奔丧，祁湘独自前往巡演现场，我未能听到柔情似水的《家Ⅲ》。在葬礼上，我收到他传来的视频。视频里，65岁的罗大佑健朗依旧，他高声唱着"归不到的家园，鹿港的小镇，当年离家的年轻人"。

家是什么？家的意义是什么？我不知道。我想到《加菲猫》的故事。走丢的加菲被卖到宠物店，害怕乔恩找不到它，十分痛苦。有一天，乔恩突然走进这家宠物店，看到加菲，并重新将它买回了家中。故事的最后，加菲背对落日，只说了一句话。

"我永远也不会问乔恩，那天他为什么会走进宠物店。"

1

罗大佑是一个躲在墨镜背后的人。

1980年，从医药学院毕业后，罗大佑被分配到一家医院的放射科工作，养成了戴墨镜的习惯。两块厚厚、黑黑的镜片本是防辐射用的，当歌手后，多亏了它，在出了几张唱片后，罗大佑依旧可以光明正大地走在街上。

和鲍勃·迪伦一样，罗大佑试图将生活和舞台的距离拉开："我希望没人认得我长什么样子，因为那样我就很难生活了。"

创作者的眼光必须是地下的，正如卡夫卡所说，"在黑暗中踮起脚尖来看高处的光明"。只有通过底层人物的眼光来感受世界，感受生命的屈辱、忧伤和生存尊严被剥夺的种种窘境，才能知晓生活的切肤之痛。罗大佑想要受苦受难，试图通过它们找到人性中最基本、最底线的东西。

比起舞台上万众瞩目的歌手，罗大佑更希望自己是一个蛰伏在幕后的创作者。他喜欢写词、作曲、制作，觉得那种蜕变和超越的感觉很好。

"嗓子差，提到创作底气就足。"

五光十色的舞台，摄影师的强烈灯光，都会让他有些不知所措，渴望把自己保护起来。朋友说，罗大佑开演唱会的时候，"一定要把他绑起来，然后在他屁股上踹一脚，他才会去。"

在台湾，罗大佑是第一个开个人演唱会的歌手，分别在1982年、1983年、1984年各开过一次，每次都是万人场。舞台是战场，歌手是战士，一旦站上舞台，就要拼命，要做到台上台下众志成城、万众一心，将整个气氛和旋律紧紧地融在一起，千万别想着在上边扭几下就能成功。

从客观层面来讲，舞台也是一个危险重重的地方。周杰伦曾两次踩空坠台，周华健也曾从舞台上掉下去过，摔到浑身是血。

2017年到2020年，罗大佑用三年时间进行了一次音乐生涯中最完整的巡回演唱会。演唱会从台北小巨蛋出发，途经北京、上海、广州、深圳、成都、武汉、澳门、吉隆坡等数座城市，以"离家"和"回家"为核心概念，命名为《当年离家的年轻人》。一场演唱会长达两个小时，罗大佑在台上又唱又跳，虽偶有大喘气，但一场不落地坚持了下来。

"作为一个歌手、一个作曲家，我希望最好能死在舞台上，我觉得那是最好的去处。总比被车撞了或者是病死好吧。"

2

罗大佑出生在医生世家：父亲是心脏病医生，母亲是护士，姐姐是药剂师，姐夫是妇产科医生，哥哥是牛津大学心脏医学博士。自18岁起，他就跟着父亲学开刀，人生中第一台手术就是在自家院子里经由父亲指导完成的。

医学院七年训练，加上后来在医院放射科工作两年，九年的医学训练造就了两个罗大佑：一个是充满摇滚精神和哲学思考的，看问题看本质，善用平铺直叙的话语来针砭时弊、剖析社会病症的根源；另一个是敏感脆弱、柔情似水的，喜欢用充满诗意的遣词造句来描述人世间细腻丰富的情感。

"从医就是学习怎样面对生命、尊重生命。音乐也是这样。创作都要讲感情,感情是生命里最重要的东西。医生看的生死比较多,可能会无情一些。医生是必须借着无情来表达他的有情,创作则是借着有情来表达生命的无情。"

父亲知道罗大佑喜欢音乐,很支持他,只是始终担心他会吃不上饭:"他经常跟我说,做音乐可以,不要放弃行医。毕竟医生的社会地位好,收入稳定,又受人尊重。其实很正常,就像我自己也总担心会不会突然有一天就写不出歌了。"

从医还是从艺,这个决定曾困扰罗大佑十年之久。《爱人同志》中的"边个两手牵"说的正是自己的现实处境。到《未来的主人翁》时,这种彷徨感依旧挥之不去。在"人潮汹涌的十字路口",罗大佑望着"象征命运的红绿灯",两边走,一度觉得对两方面都失去了信心。

1982年,第一张专辑《之乎者也》发行,罗大佑在专辑文案中写道:"这一趟音乐的路,走得好辛苦。在东方与西方、传统与现代、严肃与通俗间,我几乎是一路跌跌撞撞摸索过来的。"

念小学三年级时,罗大佑从哥哥那里得到了人生中第一把吉他,价值80台币。这把琴决定了他一生的方向。在医院实习时,罗大佑和当时的恋人张艾嘉组建唱片公司,又找父亲借了一笔钱,打算自己发行《之乎者也》,过程并不顺遂。唱片公司认为罗大佑"不帅,声音粗哑,唱歌走音,就像含着颗卤蛋一样咬字不清楚"。他拿着音乐母带四处碰壁，直到遇见段钟沂。那年，段钟沂刚组建独立厂牌"滚石"，决定在这个乐坛新人身上赌一把。曾有业内人士提醒段钟沂，说《之乎者也》最多也就能卖两千张。结果它仅在中国台湾地区就卖了二十万张，盗版更是不计其数。这是罗大佑发行的第一张个人唱片，也是滚石唱片公司发行的第九张唱片。这张唱片既开启了罗大佑辉煌音乐历程的篇章，也奠定了滚石唱片在华语摇滚乐坛的霸主地位。

后来发生的事就是老生常谈了。滚石唱片的子品牌"魔岩文化"进军大陆，助力大陆音乐人释放创造力，于是有了唐朝乐队和魔岩三杰。

《之乎者也》之所以能够按照罗大佑理想的方式来呈现，还要感谢另一位同样来自医生世家的制作人坂部一夫。如果人们看过第一版《之乎者也》的唱片封底，会发现和罗大佑同列为制作一栏的另一个人就是坂部一夫。

坂部一夫是京都七代行医的世家子弟，也是罗大佑在医药学院读书时的学弟。来到台湾前，他就在京都做音乐，《之乎者也》用到的就是其昔日在日本的资源，这张唱片的部分录音也是在大阪完成的。

《之乎者也》大获成功，罗大佑像一个战士，随后又发行了《未来的主人翁》。《亚细亚的孤儿》《现象七十二变》《未来的主人翁》作为第二张专辑里的三部曲，被乐评人称为"代表着台湾的过去、现在与未来"。

时代之声，震耳欲聋。罗大佑的歌声如一把利剑，在土地上空划开一道口子，阳光得以从狭缝中倾泻。但摆在他自己面前的那道人生单选题，依旧没有答案。

3

1976年，电台主播、马世芳之母陶晓清在淡水校园组织"西洋民谣演唱会"，一同参加演唱会的有后来的"民歌之父"杨弦和胡德夫，话剧导演赖声川等人。台下坐着的观众里，有李建复、张艾嘉、胡因梦。当晚，演出者胡德夫因前一晚在女朋友家打架挂彩而无法登台，搬来画家李双泽救场。胡德夫本意是想让有留洋经历的李双泽帮忙登台演唱两首美国民谣，谁知李双泽不按常理出牌。

到李双泽登台时，他将一瓶可口可乐摔到地上，痛心疾首地呼吁："我们究竟有没有自己的歌？我们要写自己的歌，唱自己的歌！"从此，中国台湾新民歌运动开启，这也是后来传到大陆的校园民谣。那年，罗大佑在医学院读大学四年级，开始写《童年》。三年后，他毕业，又写出一首《光阴的故事》。两首歌均收录在《之乎者也》中，最早由张艾嘉演唱。

1982年前后，受社会氛围影响，罗大佑在进口唱片中听到许多美国摇滚乐和爵士乐，产生了玩摇滚的念头。《之乎者也》成了一个符号,也让罗大佑成了"青年时代的先知兼代言人"。乐评人马世芳评价罗大佑时,说他"把台湾流行音乐从天真带向世故"。从专辑的宣传文案来看,罗大佑本人似乎并不避讳这一点:"这里没有不痛不痒的歌,假如不喜欢的话,请回到他们的歌声中,因为这中间没有妥协。"从此,黑衣、墨镜、爆炸头成了一个标志。

张铁志在《时代的噪音》中曾说:"鲍勃·迪伦歌曲中的力量并不在于是否有深刻的社会分析,而是他用简洁有力的词句,抓住了那个时代空气中微微颤动的集体思绪。"很长一段时间内,罗大佑的歌也是与时代思绪交织在一起的。音乐作为一种文学,正深度介入社会。人们期待一个愤怒的罗大佑永远存在,为时事发声,和年轻人站在同一边。

新旧价值观交战的激烈战场在眼前展开,音量太大,背负的压力最终也会压垮自己。罗大佑开始真正思考音乐的意义:"我只是一个唱歌的,何德何能引领这么多人走什么方向?"

1984年,第三张专辑《家》发行,一个图腾逐渐远去。《家 I》《家 II》《穿过你的黑发的我的手》《我所不能了解的事》等歌曲少了悲壮,多了内敛和柔情。这份柔情所呈现出的是"一种经过长期观察、思考环境跟人的依存关系之后所引发的一种心灵上的疲倦"。歌中,罗大佑急着要找到一个可以休息的地方。正是这份脆弱,即使《家》的整个制作更成熟、更精致、更动听,人们也觉得"所谓抗议歌手不过是一个十足的谎言"。

实际上，这张风格最保守的《家》是罗大佑专辑中送审未通过的歌曲最多的一张。

面对外界的声音，罗大佑第一次尝试正视自己内心的脆弱。有柔情才会伟大，他不想总是硬邦邦的，总是在批评，那不像一个真实的人："如果总是在批判、愤怒，就变成一个革命者，这个社会只有革命者的话是很可怕的，人性有脆弱的一面，人承认自己的脆弱，人就像人了。"

尽管如此，完全被排斥在外还是很辛苦的："觉得这里已经没有地方可以容下我。"

他渴望逃离，将一切归零。

4

1985年，罗大佑第一次出走，离开鹿港小镇中那个名曰"台北"的家，来到美国纽约。这里就像一个原始丛林，有全人类最好和最坏的东西，也藏着人性里最大的恶和最好的善："如果还继续在意我是罗大佑，还在意那些掌声，我就会损失很多。什么都不在意，反而活得理直气壮。"他跑到最乱的、一般中国人都不敢住的地方去住，整天泡在Disco，和艺术家们聊天、聚会。后来，好友周龙章在《戏梦纽约》中回忆道："罗大佑那时对朋友都好，很有礼貌，但也容易吵架骂人。"

家，作为一个曾让自己与父母兄弟姐妹紧密连接的空间，作为身后一个模糊的方向与回不去的地方,一旦离开,为它做的事反而更多。《海上花》《东方之珠》都是这么来的。它们很商业,却也是另外一种精神中一个很重要的开端,让中国人的色彩显现得更明显。

迁居香港近十年,罗大佑相继出版了《皇后大道东》《原乡》《首都》。有人说,这是属于他的"中国三部曲",歌里有对香港未来的追问、对台湾根源的探索、对大陆变动的思考:"一个铺陈民族命运的史诗企图,在三张原本各处一隅的专辑之间巍然耸立起来。"

两年后,罗大佑应施南生邀请搬到香港担任音乐总监。4月初春,他决定脱下白大褂,走职业音乐人的道路。他给父亲写去一封长达十一页的信:"感谢你对我作为一个医生的栽培,但我选择不做医生,专心做音乐。那么多医生里不需要多一个罗大佑,但在音乐上我还有很多发展空间。你们要相信我,我不会让你们失望。"

在香港,罗大佑的音乐创作一直与电影有着千丝万缕的联系。1988年,由徐克电影工作室出品、杜琪峰导演拍摄的警匪片《城市特警》首映,与之被一起搬上银幕的,还有罗大佑的两首原创音乐《你的样子》和《梦》。又一年,在文艺爱情片《阿郎的故事》中,杜琪峰继续与罗大佑合作,请罗大佑与鲁世杰共同担当《阿郎的故事》的配乐,还将粤语和国语两个版本中共四首主题曲、插曲的创作也交付于他;而《你的样子》

则再次得到杜琪峰青睐,被使用在《阿郎的故事》中。

1988年到1993年五年间,罗大佑为电影创作的主题曲或配乐获得了观众和电影奖项的广泛认可。像大众所熟知的《你的样子》《恋曲1990》《似是故人来》《告别的年代》《船歌》《滚滚红尘》《爱人同志》传唱度都很高。第九届香港金像奖提名"最佳电影歌曲"的五部作品中,就有三部出自罗大佑之手,"最佳电影音乐"的奖杯则被罗大佑和鲁世杰凭借电影《八两金》(又名《衣锦还乡》)收入囊中。

罗大佑享受这种创作,认为电影音乐赋予了电影一种更直接的感情。在银幕上,唯有音乐能够将男女主角内心深处的隐秘情感表达出来。罗大佑人生中第一首正式公开的作品,就与电影有关。1976年,罗大佑念大四,无意间接到《闪亮的日子》导演刘维斌打来的邀约电话,邀请他为电影作曲。刘维斌的要求是"做一点蓝调的音乐,听起来要摇滚,要比民歌有深度"。当时校园民歌很流行,罗大佑却有一种反抗的心理,认为"乡村音乐怎么说都是模仿"。两人的想法一拍即合。

一年后,《闪亮的日子》上映,由张艾嘉和刘文正主演,讲的是台湾乐队玩音乐的故事。电影以罗大佑担任词曲创作的同名主题曲开篇,又以他为徐志摩译自19世纪英国诗人克里斯蒂娜·罗塞蒂的诗谱的曲《歌》作结。其中,片尾曲《歌》是罗大佑人生中第一首面世的歌,尽管它只有旋律。

5

罗大佑6岁开始弹钢琴，早期那些旋律优美的慢歌，像《摇篮曲》《稻草人》都是在钢琴上创作出来的。他不喜欢弹钢琴，小时候最厌烦的就是每天长达三十分钟的练琴时间。一次，罗大佑和邻居小孩玩到一半被叫回家练琴，他当众就哭了出来。"这东西太严肃了，对指法、弹奏角度要求都很刻板，弹不好还要被老师打手。"

父亲先后为罗大佑买过钢琴、电吉他、电子琴等乐器。在20世纪60年代的中国台湾，这无疑是一笔奢侈的消费。大部分买乐器的钱，都是父亲借来的。拿到钢琴8级证书后，父亲又鼓励他去考合唱团。小学三年级，罗大佑已经懂得歌曲的和弦是怎么回事，高中时，他真正开始对编曲感兴趣，并进行了不少有趣的尝试。

念医学院后，罗大佑将绝大部分积蓄掏出来买唱片。五年下来，买了一千多张。宁可少吃一顿饭，也不少买一张唱片。"任何一个创作者，在取得成功之前一定是个好观众，比如好的作家首先一定是个好读者，好的音乐家首先一定是个好的听众。音乐的创作过程是主观的，但音乐的欣赏过程是客观的，我以前听过很多音乐，而且是抱着学习的态度去听，在这个过程中慢慢找到了属于我自己的音乐美学。"这种音乐美学最早是跟着父亲一起培养起来的。父亲喜欢听音乐。古典、摇滚、爵士等，从小到大，罗大佑跟着父亲听过不少好唱片。"各个类型都有。"

1998年的一天，在纽约的小公寓里，父亲唱起早年在南洋当军夫时候的军歌。在罗大佑的记忆里，父亲五音不全。高中时，父亲邀请医院同人来家里过中秋节，在大家的推搡下，他在天台上唱了一首《月亮出来了》。虽嗓子低沉，但还是因一直走调招来大家的调侃。

那是罗大佑最后一次听到父亲的歌声。两天后，父亲离世，他彻底失去《家Ⅰ》中那扇遮盖内外风雨的门窗。

此后四年，罗大佑再未发过一张专辑。

父亲对他的影响大到他在当下根本感觉不到。只是有一段时间，他再写不出来歌了，没有力气唱，甚至不喜欢自己的声音，跟朋友去唱卡拉OK，都觉得不对，听到就很烦。直到某一天，他才恍然大悟："父亲对我一生的影响，大到我没办法为他写一首歌。"

很多年后，罗大佑才终于缓过来一点儿，开始试图面对父亲的死亡。"在我生命里，是否能显出他的缺点更少些，优点更多些？相信这样，我便没有对不起他，他的生命也获得更好的延续。"他又想到父亲去世前两天在病榻上唱歌。当时，照顾父亲的阿姨非常惊讶："阿公，你怎么会唱歌？"

"你不知道，罗大佑的歌都是我教他的。"父亲这样答了一句。

6

女儿出生后，罗大佑的口头禅变成了"糟糕"。女儿吐奶了，糟糕！女儿哭了，糟糕！女儿黄疸指数升高，糟糕！出门在外，见不到女儿，想她时只能打视频电话，糟糕！2012年，妻子怀孕时，他写了一本《子宫日记》来记录孩子的成长。每周一次的4D动态立体检查，女儿有哪些变化，他都事无巨细地记了下来：25周，惊跳反射；26周，眼皮分离；28周，意识产生；30周，长出睫毛……

《家III》和《美丽岛》相隔十三年。父亲的离去改变了罗大佑："他去世后，我感到他的生命在我身上得到延续。我也希望我的生命可以延续下去。"《家III》诞生时，罗大佑女儿五岁，一家三口再度回到台北。兜了一大圈重新回来，获得很多新力量。他重返小时候住过的西门町开封街2段30号。曾经站在那栋房子里推开窗，他就能看到静卧淡水河的观音山。三十年过去了，山景依旧。"她像是不变的人，陪伴我半世纪。全世界经济都不好，还是有值得我们珍惜的一些人，一些地方，一些情。"

《家III》从2010年就开始写了，但罗大佑一直不满意，直到女儿出生，又改了改，才总算符合心理预期。通过《家III》，他想传达的是"幸福"。"幸福是可以不笑的，那是一种持久的感觉。幸福一定是跟身边的人有关，是别人带来的幸福感。"

人们常说:"有家的地方就有幸福。"回家的罗大佑对此体会很深,他摘掉墨镜,剃干净利落的寸头。他不再昼伏夜出写歌写到半夜,而是试图享受人生中的每一个清晨。在清晨,他陪女儿吃早餐,再送她出门上学。牵着女儿的手走在熟悉的街道上时,他恍惚觉得不是他牵着女儿在走,而是女儿牵着他在走。

"牵着一个新的罗大佑,走在新的小路上。"

一些愤怒的思绪正逐渐远去,只有手臂上几个醒目的烟疤还提醒着自己曾有过"情深似海"的时刻。作为客家人,到处流离迁徙,经历过很多苦难,罗大佑总是思考得太多、太严肃,比较关注国家、民族和人的本质。思考的东西越多,感情就越深沉。他认同的一直都是一种不具备大的破坏性的价值,一种有安全感的自由的价值,就像罗斯福讲的,人有免于恐惧的自由:"艺术讲的是人心里面追求的爱,人类的爱,和平共处,所以艺术最反对的就是破坏者。破坏者就是战争、疾病、饥荒、政治迫害,等等。"

2007年,罗大佑出席《天下杂志》创刊纪念日的演唱会,独自在台上清唱一首《吟》:"溶解的恩怨共邀我,别让你的光辉沉寂。"他还说:"人不是靠讲话来生活的。每个人都应该靠行动。"

然而行动,是要时间来证明的。

窦唯

幸福在哪里？

1

2009年，周迅凭借《李米的猜想》拿到第27届中国电影金鸡奖"最佳女主角"。与之一起获誉的还有窦唯，他拿到的是"最佳音乐"提名。不久后，这张与电影同名的专辑获得第46届台湾电影金马奖最佳原创电影音乐奖。

邀请窦唯来为《李米的猜想》制作配乐，完全是周迅的主意。而她与窦唯的结缘，则跟另一位才华横溢的音乐人有关，这人就是窦唯的堂弟窦鹏。

在陈可辛导演的电影《如果·爱》中，周迅饰演的女主角孙纳为了梦想只身北上。周迅也曾北上，但不是逐梦，而是为了爱情。1993年，周迅在杭州一家酒吧认识了唱英文歌的窦鹏，很快两人坠入爱河，周迅也跟着他来到北京。

周迅和窦鹏恋爱五年，两人事业均无起色，唯一一次合作是在娄烨的《苏州河》中。

"如果有一天我走了，你会像马达那样找我吗？"

"会。"

"会一直找吗？"

"会。"

"会一直找到死吗？"

"会。"

"你撒谎。"

在周迅清冽的念白背后，紧跟着的就是窦鹏的低音。那首歌曲就是至今在文艺青年当中传唱度依旧很高的《恍惚的眼前》。

十多年后，周迅邀请窦唯来为商业电影《李米的猜想》谱曲，这件事就连片方也没有把握，但他在看过周迅的表演后，当即一口应承下来。最终，窦唯一共为这部电影制作了21支曲子。

《窗外》收录在窦唯的专辑《艳阳天》中，是1995年发行的。在片场，周迅每天单曲循环，说"百听不厌"。为贴合电影中人物的心境，窦唯将其重新编曲，交给女主角周迅演唱，作为电影的主题曲。

窦唯与电影的缘分从未断过。2019年，顾晓刚拍摄《春江水暖》，窦唯担任音乐监制，为电影设计、选曲近10首。在中国电影金鸡奖的舞台上，窦唯再获"最佳音乐"提名。无论是多年前还是现在，他都缺席于颁奖典礼现场。

"音乐创作出来后，基本上就和我关系不大了。"

2

窦唯是"热搜"体质。早年，他与天后王菲恋爱、结婚、离婚，因不满新闻的不实报道跑到报社门口去烧车……若干年后，他仅是出门坐地铁、骑电动车、到小店吃碗面、去折扣店买衣服，也能吸引无数人的目光，被"世俗"绘声绘色地描述着。

这么多年，人们习惯了"仙化"窦唯，这种"仙化"绝不仅是停留在他的音乐才华上，更是落实到他日常生活中的一蔬一饭里。

大部分人想起窦唯时，记忆仍停留在1994年香港红磡体育馆的那场"摇滚中国乐势力"演唱会，或是他在演唱会当晚吹笛子时被拍到的一张照片。现下，他究竟在做什么？在创作着一种怎样的音乐？大家很少深入思考，抑或仅仅是一笔带过、含糊不清。

窦唯的音乐生涯被分为三段：黑豹时期的，"魔岩三杰"时期的，单打独斗时期的。目前，他更像个归隐山水间的"隐士"。

每支摇滚乐队都有一位灵魂人物。唐朝有丁武，Beyond有黄家驹，超载有高旗，零点有周晓鸥，二手玫瑰有梁龙，痛痒有高虎。对黑豹来说，窦唯就是那个灵魂人物。年轻的窦唯毫无疑问是有才气的。曾经他的才气无数次让老狼和高晓松感慨自己"就是给他垫场的"。进入黑豹前，窦唯四处走穴演出，居无定所；加入黑豹后，乐队的阵容逐渐稳定，成为一支真正的流行摇滚乐队，二者相互成全。

黑豹最卖座的专辑是《黑豹》。这是他们发行的第一张专辑，也是唯一一张窦唯全程都有参与的唱片。封面上，窦唯一头长发，身穿皮夹克，桀骜不驯，俨然是摇滚的代言人。

黑豹的吉他手李彤只花20分钟就完成了《无地自容》的作曲，填词由窦唯完成。这首歌一共发行过三个版本：CD版、磁带版，还有一个香港版。在盗版销量高达150万的前提下，三个版本的正版总销量仍逼近50万。它的二手CD在淘宝上一度被炒到两千块以上。乐评人李皖曾说："黑豹的寒气从窦唯的长啸中呜呜杀出，深入骨髓……他们的歌唱极其冷漠，那是一种远超于中国城市当时发展阶段的孤独。"

黑豹的鼎盛离不开两个人，其一是窦唯，其二是栾树。1991年末，在成都的某场演出结束后，窦唯提出退出乐队。商讨退出事宜时，经纪人郭传林提出让窦唯"改变音乐风格"，且日后不能再唱黑豹时期的作品，尤其不能拿那些歌来参加商演。窦唯一口应下，这在某种程度上成为他的创作动力。有阵子，窦唯很少出门，每天把自己关在家里听歌、写歌，才有了后来大家听到的《黑梦》和《明年更漫长》。

窦唯离开的个中缘由众说纷纭。一种说法是窦唯抢走了栾树的女友王菲，两人决裂，导致乐队分崩离析；另一种说法是窦唯和乐队在音乐理念上存在出入，他偏爱后朋克，不愿再当一个"具有编排、表演成分的大众偶像"。

1991年到1998年，窦唯和王菲结婚，生下女儿窦靖童。1999年，窦唯陪王菲去日本演出，由他打鼓、王菲演唱的 *Don't Break My Heart*（《别伤我心》）在很长一段时间内被传为佳话。

3

1994年，春夏之交，华语乐坛最热门的话题是"魔岩三杰"和"中国新音乐的春天"。窦唯、何勇、张楚，风格迥异的三人被推到大众面前。他们分别带来三张至今仍被称作经典的专辑：《黑梦》《垃圾场》《孤独的人是可耻的》。

窦唯加入的第二支乐队"做梦乐队"的解散也正源于此。

1989年，滚石的张培仁来到北京，决定签下窦唯，但是也只签窦唯。和另外两人组成"魔岩三杰"后，窦唯开始在音乐上做一些新尝试，这种尝试也奠定了他往后以后朋克为基础、植根于传统中国民乐的音乐风格。在1993年的《摇滚北京》摇滚乐合辑中，窦唯以"做梦乐队"的名义推出一首《希望之光》，标志着他音乐风格的真正转变。

张元导演的《北京杂种》记录着"做梦乐队"为数不多的现场片段，也记录着他们那时的状态：疯狂的排练，无序的生活。

《黑梦》也是窦唯在"做梦乐队"时期完成的一张唱片，专辑的气质正如里面的歌曲《高级动物》《感觉时刻》，充满愤怒，同时也散发着不少悲观自省的情绪。整张专辑音乐元素庞杂，有哥特摇滚、硬摇、朋克、民谣等。

1995年发行的《艳阳天》是最独树一帜的存在。专辑封面上是一朵被冰封的向日葵，一方面不放弃向阳，一方面选择与冰为伍，矛盾而压抑。之后，王菲的《浮躁》，也像是女生版的《艳阳天》。

红磡之后，窦唯就起了放弃唱歌的念头。1998年发行的《山河水》是他在魔岩的最后一张唱片，透着一股寄情于山水间的文人雅志。也是在这张专辑里，人声在窦唯的音乐中成为很小一部分比例，有时甚至仅作为背景或者一种器乐存在。

到了2002年，窦唯彻底不唱歌了，他希望自己"找到一种顺乎天意、合情合理的生活方式"，而不是继续"追逐名利，被名利所控制"。在一个商业社会里，这种生活态度显得既清高又清贫，甚至有些格格不入。曾经，他是个幽默的小伙子，爱踢球、说相声、喜欢搞恶作剧。闲着没事时，他会拿个DV

出门，现场自编自导，拍抗战片、武侠片消遣。一次，黄小茂去窦唯家里做客，发现他自己录了盘相声，特好玩儿。

张楚似乎能理解窦唯的这种清净和沉默。

"我想一个人最大的救赎，就是让自己安静下来。"

4

1999年，世纪交替之际，与王菲在日本同台后，窦唯彻底淡出了大众视野。之后不久，他和王菲离婚的消息传来，两人的爱情画上句点。

自那时起，窦唯成为众人眼中的"仙人"与"隐士"。

他平均每年发行5张专辑。这是与乐迷唯一的交流方式，也是音乐上的必修课，就像一个勤勤恳恳交作业的学生。每次发专辑，他只简单上传到网络平台，很少主动宣传，也不接受任何访问。

2010年，"怒放摇滚英雄演唱会"请到了张楚、何勇，还有昔日的黑豹和唐朝。主办方辗转联系到窦唯，得到的回应是干脆的拒绝。

"多谢好意，这么些年还没把我忘了，但我已经和摇滚乐没什么关系了。"

这些年，窦唯累计发行了四五十张专辑，最高产是在49岁那年。在"知天命"之前，他一口气发行了10张专辑。这些专辑中，音乐风格是不固定的，有爵士、死亡金属、新民乐……一个共同的特征是：几乎没有人声。

窦唯变得越来越抽象，无论是音乐还是个人。他开始注重即兴、实验和氛围。这种虚无的感受让他离大众越来越远。

某一年，臧鸿飞上《奇葩说》，称"无欲无求的窦唯在众人眼中或许缺乏一点上进心，但坚持自我恰恰是一种最了不起的上进心"。他说："这两年各种大企业找到我说，只要能请窦唯来唱一首歌，花多少钱也愿意，这钱没有上限，没有一个具体的数额。窦唯回复我说，我不要这钱，为什么呢？很多东西我都看淡了，我就有一辆自行车，我每天能吃一碗面，我足够了。我不喜欢这个社会，你们以为你们追求的东西就对了吗？"

窦唯认为，退出歌坛，转做音乐，是自己安身立命的根本，也是精神世界的出口。

人性是存在许多弱点的，就像窦唯在《高级动物》中所唱到的那样："矛盾，虚伪，贪婪，欺骗，幻想，疑惑，简单，善变，好强，无奈，孤独，脆弱，忍让，气愤，复杂，讨厌，嫉妒，阴险，争夺，埋怨，自私，无聊，变态，冒险……"

但一个真正的勇者不仅不惧怕这些，仍会不懈地追问："幸福在哪里？"

"路漫漫其修远兮，吾将上下而求索。"这是窦唯的态度。

1985年，20世纪80年代红极一时的英国摇滚乐队"威猛乐队"来华演出。他们也是首支来中国演出的西方乐队。这次演出一共分为两场，一场在广州越秀山，一场在北京。彼时，流行乐刚刚在中国兴起，主办方担心中国乐迷对威猛感到陌生，于是邀请国内当红女歌手成方圆翻唱乐队的5首主打歌，录成卡带。为了给这场演出造势，他们还特意托一位香港词人把歌词填成了中文的。

演出当晚，门票售罄，最高的票价被黄牛炒到了25元。这次演出还吸引到不少中国音乐人，如崔健、郭峰。16岁的窦唯也置身其中。那时，他在北京的一所职高学习精神病看护专业。听完这场演出，他考上北京青年轻音乐团，四处走穴演出。两年后，在北京化工学院的一场演出上，他翻唱了一首威猛乐队的歌曲，给观众留下深刻的印象。也是这次演出，让他彻底走向了摇滚，走向了黑豹。最重要的是，走向了音乐。

《麦田里的守望者》中有一段话，用来形容窦唯，再贴切不过：

"对一个人来说，一辈子中注定会不时去寻找一些他们自身周围环境所不能提供的东西，要么他们以为自身的周围无法提供，所以放弃了寻找，他们甚至在还没有真正开始寻找前，就放弃了。一个不成熟的人的标志是他愿意为了某个理由而轰轰烈烈地死去，而一个成熟的人的标志是他愿意为了某个理由而谦恭地活下去。"

朴树
——一棵脆弱的树

路内有部小说叫《少年巴比伦》,后来被导演相国强改为同名电影。故事讲述的是小镇青年路小路青春期内的脆弱、迷惘与哀伤。故事结尾,李梦饰演的梦中情人白蓝给路小路留下一封信,信中说:"走了几千里路,都不能忘记你,给我的小路。"

这让我联想到朴树。朴树原名濮树,一个生僻又难写的姓氏,现在的"朴"字是高晓松给改的,他觉得"朴"和"树"在一起,就像一片小树林,树林里有枝丫向上伸展,清秀又生机勃勃。

朴树是脆弱的,如一棵脆弱的小树。如果文学对卡夫卡而言意味着某项失败者的事业，那么音乐对朴树而言亦是如此。在做音乐的过程中，朴树经历了无数挣扎和痛苦，那些东西压在他身上，是一整个世界的重量。他并非一个巨人，有时甚至比社会上的普通人更渺小、更脆弱。

朴树出道二十六年，在演艺生涯中交出的答卷并不丰富，仅发行过三张专辑，参与拍摄过两部电影：一部来自高晓松的《那时花开》，一部来自张元的《如果没有爱》。这两部电影都是和周迅搭档。

26岁成名，30岁大"火"后隐退，在耗费十四年心力的《猎户星座》诞生以前，朴树的作品加起来撑不完一场演唱会。中间有十年时光，他是沉寂的。但那些爱他的人没有沉寂，他们为他保留着欢呼、呐喊、掌声和拥抱，直至今日。

走了几千里路，没人会忘记，这棵脆弱的小树。

1

2016年9月10日晚，在舟山朱家尖沙滩青山舞台上，我第一次见到朴树。当时，那儿正举行为期三天的"东海音乐节"，我和另外一名好友作为媒体受邀前往。当天出场的嘉宾还有名声大噪的摇滚乐团草东没有派对、曾三次斩获摇滚迷笛奖最佳摇滚男歌手的谢天笑和实验音乐制作人、"美好药店"前乐队主唱小河。

沙滩上淅淅沥沥地下起小雨,《在木星》前奏响起,乐迷迅速拥堵至主舞台正前方。他们身着雨衣,头戴雨帽,将深色塑料袋套在白布鞋外边,用力挥舞双手,显然没有被恼人的雨水干扰情绪。

朴树身着灰色T恤、卡其色裤子,搭配一条复古红围巾和一双显眼的粉色袜子,抱着吉他站上台来。那模样和在照片、访谈中看到的无异。一个腼腆清纯的大男孩。脑海中自然想到保尔·艾吕雅的"男人只会变老,不会成熟",以及切斯瓦夫·米沃什的"我不想成为上帝或英雄。只想成为一棵树,为岁月而生长,不伤害任何人"。

一向沉默的朴树那天状态很好,演出时多说了几句。"以前上台总是匆匆忙忙,而且有点儿紧张,现在我好像没那么紧张了。而且我发现,其实我们都不赶时间。对吗?"台下乐迷用热烈的欢呼声作为回应,《生如夏花》《旅途》《那些花儿》《好好地》,一首接一首,沙滩上就像在举办朴树的个人演唱会。

《那些花儿》永远是大合唱。前奏起时,他象征性地问大家:"你们唱还是我唱?"不消片刻,"那片笑声让我想起我的那些花儿……"合唱声很快盖过朴树的声音。

"这首歌如果不跟你们合唱,我还真不知道该怎么唱下去了。"

《那些花儿》发行于1999年,收录在朴树的首张个人专辑《我去2000年》中,同时也是高晓松电影处女作《那时花开》

的片尾曲。在电影中，朴树饰演的"张扬"一角，会用十七种语言说"我爱你"。后来，他回忆起自己演戏的经历，曾自嘲是"人生中的一大污点"，还戏谑地说："原本我还想当个男演员来着。"

来到东极岛，另一首避不开的作品是作为韩寒导演的电影《后会无期》主题曲的《平凡之路》。早在 2013 年，朴树就为电影配过片尾曲，在《厨子戏子痞子》中，他翻唱了李叔同的《送别》。"如果这辈子我能写出这样一首歌，那就真的死而无憾了。"

淡出十一年，朴树很忐忑，不敢贸然地接韩寒的邀约。"我很久没出来，加上生活得非常平静……"他给韩寒发去十一首未发表过的新歌，韩寒一眼就相中了尚未填词的《平凡之路》。"他拿回去填一版，我改了改，就上线了。"歌曲做完，韩寒很兴奋，打电话给朴树："我非常喜欢，相信今年夏天的空气里都会充满着这首歌的声音。"

《平凡之路》上线时，恰逢周迅大婚，高晓松激动地发微博。"大洋彼岸醒来，发现我第一部电影《那时花开》男女主角同登头条。女主角大婚，男主角发表十年来首支新歌。女主角最新一条朋友圈便是男主角这首《平凡之路》。感动。想起十五年前的夏天，年轻的我们在茫茫大城和远远海边拍电影，拍关于爱情与等待、誓言和时光。如今生活水落石出，真好。"

《平凡之路》获第 51 届中国台湾电影金马奖最佳原创电

影歌曲奖,朴树一下子被推到大众面前。

大伙都说:"朴树复出了。"

2

朴树身上有两个标签,以他的复出作为分水岭。复出之前,这个标签是"抑郁";复出之后,这个标签变成"缺钱"。

很长一段时间内,打开各类浏览器,搜索朴树,对应出来的关键词都是"缺钱"。一些人认为,朴树缺钱是自己所致,是"权衡利弊过后做出的选择",他不跟音乐公司合作,住在郊区别墅里,花十多年斥巨资只为完成一张专辑,还在经济基础并不雄厚的前提下被朋友骗去三十万块钱;另一些人认为,朴树并不缺钱,只是需要更多的钱。

"缺钱"的消息最早出自北京卫视一档名为《跨界歌王》的节目。前两季朴树都去了,作为"帮帮唱"嘉宾,第一季搭档王子文,第二季搭档王珞丹。

第一季决赛现场,主持人栗坤叫朴树分享一下自己站上舞台的原因。

"一,老宋叫我来的,他说子文这姑娘特好;二,我这一阵儿真的需要钱。"

台下观众笑成一团,那时大家都知道,他想同时拍三个MV,的确花销很大。

第二季时，他首次在电视节目中唱起《清白之年》，主持人还是栗坤，她问朴树："说说吧，这一季来的理由是什么？"朴树直言不讳："这是我的工作吧，我得靠这个挣钱啊，对吗？"

一位好友在电视台担任节目编导，她告诉我，按照台本，朴树不该这么说。上台前，导演引导朴树，说可以聊聊梦想和艺术。录制结束，朴树告诉她，一上台，对好的流程就全忘了。结果朴树的"不按常理出牌"，反而为节目带来意想不到的宣传效果。

朴树在舞台上常常会宕机。演唱会结束时，一般都有一段总结性发言，为了能够麻利地讲好这段发言，他每回都要在家里排练几十遍。到了演出当天，他往台上一站，话一出口，就变成了"其实我不知道该说点儿什么，本来准备了一大串话要讲，但就在刚才，我忽然全忘了"。

小建是朴树的经纪人，作为他唯一的对外信息公开渠道，经常抓耳挠腮。他给朴树注册了个微博，希望他去上面说点儿什么，保持和乐迷之间的联系，朴树很不买账。

"发微博是有话要对大家说，我暂时没什么想说的。"

"就跟写日记似的，要不，你就写'今天没话说，明天还是没话说'？"

"日记不用公开出来给大家看吧。"

有时，媒体想通过演艺经理小建跟朴树约个采访。

"下周六有没有空？"

"不行，我下周六有病。"

"我靠！这你都能预料？"

朴树懒得去应付些什么。在一档叫《如是》的节目里，他说自己"享受过名利带来的快乐，但比较短暂"。

3

朴树人生中有四个痛苦的阶段：学生时代，2000年盛名之下，2003年和2015年。

学生时代，老师评价朴树"是一个复杂的小孩，情绪时常陷入低谷"，父母不以为然。最先发现他不对劲儿的是姨妈。一次，姨妈在朴树家住了一个多月，发现他很少笑，母亲这时才意识到事情的严重性。

母亲把朴树带到医院做心理测试，得出的结果是"差3分变态"。其中一道题目是："如果你死了，你觉得身边的人会怎么样？"朴树勾选的答案是"无动于衷"。经心理医生孙东东诊断，朴树患上了青春期忧郁症。

周围的人都不明白朴树为什么会患上青春期忧郁症，他自己觉得是因为没考上北大附中，他父母觉得是因为他带领八个同学逃课被老师革去班长一职。母亲刘萍说："班主任跟我讲，其实就是想惩罚他一下，以后还让他当班长。"但自那以后，朴树就变得话少、失眠、不合群。

叔本华说，才思卓越之士往往都偏好孤独，孤独是他们生活的必需。30岁之前，朴树就写下"妈妈，我恶心，在他们的世界，生活是这么旧""忘了梦想，只乞求能够平安地活着""天真是一种罪""蓝天白云，星光虫鸣，还有真理，多余"这样的字句。

这些敏感郁结的情绪，幻化成音符，带领70后、80后、90后三代人跨过2000年，通往变幻莫测的未来世界。在迟疑、挣扎、纠结中，每个人都试图找到那把可以打开世界的钥匙，尽管根本不存在所谓的钥匙。

2003年，朴树30岁，发行第二张专辑《生如夏花》，专辑名取自泰戈尔的诗，制作人仍是张亚东。那一年，朴树的演出身价跻身国内前三名，"百事音乐风云榜"将他评为"内地最佳男歌手"和"内地最佳唱作人"，他有了一个演艺经理小建，大家开始叫他"朴师傅"。

《生如夏花》获"内地最佳专辑"后，唱片公司给朴树组织了52个城市的巡演，这场巡演彻底摧毁了他。那阵子，他看所有人都是"大傻×"，包括他自己。后面几年，他拒绝写歌、出新专辑。二十几首歌根本凑不成一场演唱会，如果非得办，就要请嘉宾。张亚东每年都跑来苦口婆心地劝："做一张新专辑吧。有那么多喜欢你的人，你可以用歌曲跟他们交流，还可以赚钱啊。"

"为什么要赚钱？"

四年后，朴树主动提出参加《名声大震》，想挑战一下自己。要知道，曾经他连录个春晚都不乐意。

录制《名声大震》时，档期非常满，熬夜是常态。录完最后一期，朴树的心跳频率降到每分钟四十下，就连医生都吓坏了。"踢球是别想了。从现在起，每天从卧室溜达到家门口晒晒太阳，这运动量对你来说就足够了。"

在这个节目中，朴树的搭档是前奥运体操冠军刘璇，前者被打扮成《加勒比海盗》里船长的样子，后者负责高空杂技。两人边耍边唱了两首歌，一首是蔡依林的《海盗》，另一首是《蓝精灵》。

录完这个节目回到北京，朴树闭门不出。这次，他的抑郁状态持续了整整五年。五年中，他不再和唱片公司续约，恢复到"独立音乐人"的状态。

2010年，朴树决定重新组建一支属于自己的乐队："虽然我这两年自己做唱片真是特孤立无援，但是我觉得我把我的初衷找回来了。我还是那么爱音乐。"三年后，他在北京举办了人生中第一场大型演唱会。为宣传、卖票，他开始学着和乐迷互动。

"你们好，我是朴树。"

视频里，朴树无数次重复着这句开场白，磕磕巴巴，动不动就脸红。

《猎户星座》是朴树难产的第三个孩子。数字专辑发行当晚,是"好好地Ⅱ"巡演首站北京站演出。在五棵松,我首次集中听到了新专辑里全部作品的现场版,有参加同学聚会出门前信手写下的《清白之年》,有张杨导演《冈仁波齐》里的主题曲 *No Fear in My Heart*,还有由 *New Boy* 改编而来的 *Forever Young*。

这一年,《猎户星座》获网易云音乐"年度专辑",在"硬地围炉夜"上,朴树发表获奖感言。

"我的音乐,要远远大于我这个人本身。"

站在台下,看着44岁的他,不知为何,我突然就湿了眼眶。

4

朴树从小生活在北大家属院,父亲濮祖荫是北大教授、博士生导师、国家"双星计划"发起人之一。谁也没料到,一位从事地球外太空磁层能量传输与释放、磁层空间暴研究的理工科高精尖人才会生出一个如此文艺的儿子。

在北大家属院,孩子们从小立志成为科学家,考上北大附小、北大附中、北大,再出国留学,是这帮孩子一眼就能望到头的未来。

朴树是个例外。

小升初那年,北大附中录取线是173.5分,朴树只考了173分。为了这该死的0.5分,父子关系一度剑拔弩张。"我爸为了让我上学，四处奔走也没个结果，这 0.5 分让他一见人就脸红，在院里抬不起头。"

朴树一路从初中混到高中。因为有青春期忧郁症，父母老师都小心翼翼，不会为难他，更不敢过度施压。那会儿，他常撒谎骗父母说自己头疼，然后翘课和乐队成员去北大草坪上弹琴。

在父亲眼里，朴树或许有点儿怪，但一直是个乖孩子。朴树自己不以为然："表面上我是一个乖孩子，小学当了六年班长、中队长，但我偷偷摸摸逃学，谁都不知道。数学奥校两年，我都是逃过来的。"

哥哥濮石考上西安交大那年，向父亲索要一把吉他作为奖励，父亲如了他的愿，但不许他背到学校去。"300 马克，这么贵的东西，万一弄丢了怎么办？留家里，你回来也能弹。"

从此，这把吉他换了主人。它的主人叫朴树。

后来，朴树变卖游戏机，报了一个吉他培训班，还告诉父亲："我要做音乐，它比我的生命还重要。"

做音乐可以，就当培养一个兴趣爱好，父亲万万没想到，朴树会为此放弃考大学。北大教授的儿子不考大学，这事传出去简直是天方夜谭。

1993 年，朴树拿到首都师范大学英语系录取通知书，念到大二就肄业了。迄今为止，他仍是高中学历。

在家宅了两年，写了两年歌。有一天，母亲问他："要不要出去端盘子？"朴树心想，或许自己该挣点儿钱，不要留在家里啃老了。那会儿，高晓松和宋柯成立了一个公司叫麦田音乐，朴树想卖几首口水歌给他们，换点儿零用钱花花。高晓松听完 demo，邀请他到公司来当签约歌手，朴树一想自己也不损失什么，就去了。

当时麦田音乐就俩歌手：一个是叶蓓，另一个就是朴树。

1996年，朴树创作欲爆棚，回忆着小时候母亲总哼的那些俄罗斯歌曲，琢磨出一个旋律，再用歌词讲个故事，《火车开往冬天》和《白桦林》就这样诞生了。

朴树和父亲濮祖荫极像，一样的爱死磕，一样的教条。

父亲濮祖荫七十多岁时，还在自己的领域里冲锋陷阵，忙着上课、带博士、做研究，出国跟学术界同行交流。一次在瑞士，因急着倒时差上台做报告乱吃了安眠药，他上吐下泻地被送进了医院。这一生，他只对科学感兴趣，什么美食、旅游、运动，一概绝缘，唯一的休闲娱乐是陪着老伴看电视。

朴树最反感妻子说自己和父亲相像。每当妻子这么说，他一准儿急眼。"这几年我发现我和我爸越来越像了，特别教条，没事就爱劝人'早点儿睡''安静点儿''少交点儿不靠谱的人'什么的……有时候又觉得这样活着太压抑了，被很多条条框框限制住，特别地较真，特别地傻。"

做《猎户星座》时要和大量的国外制作人合作，朴树觉得很放松、很快乐。"他们本能地就爱鼓励别人，做任何一件事开始之前永远是先庆祝，会给人许多好的暗示。"活了几十年，朴树觉得这可能是自己身上最缺少的东西。"从小就没被自己的爸妈鼓励过，活到现在，做完任何一件事，永远会觉得自己做得不够好。"这是一种天然的压力与枷锁。

越是年长，朴树越是开始反思这种教育的合理性："人需要活在一个充满爱和鼓励的氛围里。"父母那一代，从来不懂得表达爱。后来，朴树养狗，希望自己是一个充满爱的家长。

朴树有两条狗，一条金毛，一条阿拉斯加雪橇。金毛名叫小象，阿拉斯加雪橇名叫大海。小象是妻子带回来的，起初，朴树觉得特烦，臭臭的，会哈气，还需要每天定时定点地遛。妻子去外地拍戏，把狗留在家里，一人一狗，朝夕相对，处着处着，就有了感情。

"每天只要看到它在院子里跑，就会很开心。"

小象和朴树一样，不会表达，容易焦虑和紧张。后来朴树反思，这是因为他没把小象教育好。小象犯了错，朴树会生气，但却不告诉它为什么生气。长此以往，它活得紧张兮兮的，没法儿放松，是一条不太开心的狗。

到了养大海的时候，朴树开始弥补。大海在朴树家里非常快乐，没有恐惧，不知道什么是害怕。小象陪伴了朴树整整十年，相当于一个人类的七十多年，迈入老年的小象经常能听到朴树温柔的告白与鼓励。

"象，都爱你啊。"

2017年9月19日凌晨,11岁的小象去世了,朴树在它身旁守了整整一夜。

5

朴树爱哭,因此常被人说"娇气"。

吉他手程鑫离世,音乐道路上屡屡碰壁,饱受抑郁症折磨。这一切都让他在精神上吃尽了苦头。要接受人生并非如夏花般绚烂,而是"平凡才是唯一答案",这不是件容易的事。

演唱会上,他偶尔也会情绪崩溃、流泪。

"我确实是有些娇气了,那是因为别人二十几年才会经历的事情,我集中在几年时间,全扛过来了。"

这么多年来,朴树一直在思考同样的问题:人为什么要活着?为什么世界是这样的?我们该怎么办?

喜欢听朴树歌的人也正如此拧巴地活着,在世俗的世界里追求着一点儿仅剩的真实。前麦田音乐企宣、朴树经纪人张璐曾这样总结他听众的画像:以高中生、大学生为主,女性占绝大多数,和朴树一样穿着休闲帆布鞋。她们疯狂中有自律,要到签名就站在一边静静地看着朴树,有些女孩子会哭,也是默默地哭。她们对朴树有两个称呼:"小朴""树"。

朴树很少书写小情小爱,他写的都是人这一生中每个阶段必经的起伏挣扎。对于命运和岁月,每个阶段有每个阶段的体悟。青春期是不想"变成老张,活得像条狗";壮年感慨"这是一个多美丽又遗憾的世界";中年危机里,内心的畏惧和焦虑成倍增长,一方面不肯服输,"两眼带刀,不肯求饶",另一方面厚积薄发,"只有奄奄一息过,那个真正的我,他才能够诞生"。

年近五十,依然是三代人眼中不可替代的存在,不得不说,这是一个中年理想主义者的终极胜利。

在《德米安》里,赫尔曼·黑塞说:"对每个人而言,真正的职责只有一个:找到自我。然后在心中坚守其一生,全心全意,永不停息。所有其他的路都是不完整的,是人的逃避方式,是对大众理想的懦弱回归,是随波逐流,是对内心的恐惧。"

朴树正为此竭尽全力。

2013年,北京工人体育馆演唱会间隙,他冲台下歌迷喊话:"就算全世界都丧心病狂,就算所有人都去抢银行,我也不会和他们一样。"

这注定是一场寂寞的游戏,就像朴树说这话时静止在大屏幕上的歌词。

"这是一个多美丽又遗憾的世界。"

附录 一些小文

仍是异乡人

1

祖父过世三年有余,我三年未曾归家。有一阵子,我常听赵雷的《家乡》:"我的家乡越来越年轻,就像一件俗气的衣裳,越来越老的不止爸爸的脸庞。"

大学毕业后没几年,我曾因旧家拆迁回去过一趟。母亲打来电话通知时,房子已被推土机挖去了一大半。她最后一次去收拾东西时,再三叮嘱父亲不要动我的书柜,说我定会不高兴。

在外晃荡的年头已不算少,每年回家的次数都屈指可数,多半是春节。有两年,我嫌春运太挤,甚至没回去。上学时觉得,故乡只有冬、夏,从无春、秋,等参加工作才明白,故乡仅剩零星的几日冬,有时连冬也不剩。

要真讲得残酷些,我们这代人,是没有故乡的。起初,我们是为了活得更好才离开故乡,仿佛只有离开故乡才能过上理想的生活。现在看来,在外边漂久了,待在哪里都是一样的。因为只有你才是你自己的故乡。你在哪里,故乡就在哪里。人守住了,家也就守住了。

旧家不是我同父母一起生活过的居所,而是祖父、祖母最早修建的一栋老宅,灰瓦片,木制门,土砖房。人生中的某个十年,我是在那里度过的。

旧家处于城乡接合部的核心位置,门口一条大马路划定楚河汉界,就这么隔出两个天差地别的世界来:这头是蜿蜒的小道和翠绿的稻田,浮萍常年荡在池塘上;那头是开发到一半的江景房,售楼处就开在路边,二层是门庭若市的茶馆、KTV、电影院。

傍晚,站在黑黢黢的马路这头向对面望,仿佛看到另一个世界。

2

推开旧家门,一股浓浓的家味闯入鼻息,上了年纪的老式衣柜和大盆泥土早已干涸却依旧生命力旺盛的绿色植物被掩盖在废墟里。摇摇欲坠的卧室墙壁上，整面是我儿时拿到的奖状、小红花和五星红旗，祖母的笑脸和我年幼时领取糖果的画面在眼前重叠。

卧室的门只剩一个空空的门框，被卸下的木板孤零零地斜躺在一堆砖块上，上面有我刚学会写字时用涂改液涂下来的一行字：祖父、祖母、我。三人的名字手拉手并排站在一起，涂改液滴下来的白色痕迹清晰可见，像潺潺的眼泪。

路边正在盖小洋楼，碰上拆迁早的邻居，早已改头换面。妇人穿着新大衣聚在一起攀比刚入手的金戒指，双手一张开，恨不得十个指头全戴满，和我年纪一般大的青年开上了好车，少数几个正围在一片空地上争夺土地所有权。

城市扩建进展得如火如荼，大家都在期盼一种更好的生活，老人们有关"根"的情结并未得到太多重视。他们眼底那抹眷恋的光，仅是涌现那么一下子，又很快暗了下去。

我住在这儿时，村子还不大，一点儿喜庆的小事很快就能把一帮人聚集到一起。除夕夜，街坊四邻互相串门，围坐在一起，敬酒、夹菜、烤火、煨汤。新年一至，老人总能变戏法儿似的从一地燃过的柴火中掏出一颗地瓜，或者一枚鸡蛋。

两岁时，数数是必修课。菜园正对着旧家地坪，我蹲坐在台阶上大声数数，从一数到一百，祖母刚好择菜回来，给我带回一个新鲜的西红柿作为奖励，上面混合着新鲜湿润的泥土气息。

时值上小学的年纪,早晨迷迷糊糊地睡醒,奔去学校,忘记穿鞋也没带书包。祖母拎着这两样东西跟在我屁股后头愣生生地追出好几条街来,嗓门洪亮一如隔壁屋二十几岁的新媳妇儿。

上学路上要经过一条不到二十五厘米宽的小道,小道旁是池塘,雨天,和同学一前一后撑伞横穿,途中身后的伞戳到我的脊背,失足滑进池塘,被路过的陌生人救起。祖父赶到时,我浑身湿透,抖得像只小鸡仔,他一把拉过我,将我裹进雨衣里,嘴里喃喃自语:"天气冷,别再淋湿了。"

其实身上本来就是湿的。雨衣把我的脑袋和整个身体装进去,也彻底遮挡住视线,我却觉得眼前的世界格外清晰,充满了安全感。

那次回去,他已经不记得我是谁了。可是他说,只要看到我的脸,莫名地就很高兴。

3

从火车站回旧家需穿过大半座小城,其中还要经过市立中学,也是我的母校。母校附近,坐落着这座城市里唯一一家音像店。

在我上学的年代,每次经过那家音像店,店门口的喇叭里终日高声播放着的，经常会是"谁娶了多愁善感的你，谁安慰爱哭的你,谁把你的长发盘起,谁给你做的嫁衣",又或者是"总是在梦里，我看到你无助的双眼，我的心，又一次被唤醒"。

每当这时候，我都会在门口驻足好一会儿，然后走进店内，用仅有的零花钱挑选一两张最爱听的磁带。零花钱是父亲给的。那时，父亲热衷给我买两样东西——巧克力和磁带。巧克力常有，磁带不常有。

这两样事物原本都是他所喜爱的，没想到，久而久之，竟也真变成我最喜爱的了。

高中时期，音像店几乎是唯一一个我爱出入的、带有某种休闲性质的场所。我不会打游戏，也不爱溜冰，每天放学，罕有的乐趣就是在音像店泡上一小会儿，蹭几首歌听，翻会儿书，再推着自行车哼着小曲慢慢悠悠地荡回家。

那时，许巍、老狼、朴树等人撑起校园音乐半边天，无数经典曲目在同龄人中口口相传。我在店里淘过他们的唱片、磁带，还帮父亲买过左小祖咒、张国荣、梅艳芳、迈克尔·杰克逊和鲍勃·迪伦。

母亲爱看书，收藏过的唯一一张唱片是邓丽君的。

在那座常年闷热、潮湿，梅雨季节一旦来临雨就会下个没完的南方小城，听歌不失为一种排解季节带来的不适感的好方式。我定期逛音像店，把喜欢的唱片和磁带收集起来，在每一个装作认真学习的夜晚，伴着他们的声音入眠。

父亲最擅长DIY，趁母亲出门打麻将时，他会悄悄地帮我把英文单词的磁带倒出来，再换上音乐磁带。为此，家里没少报废好磁带。

有一年，淘到的碟和带子都很少，有也是用节衣缩食偷偷省下来的几块钱在各个地下通道里买来的盗版货。

那一年，父亲失业了。

4

从旧家溜达出来，原本是准备把整座小城逛完再回去的，但我早已习惯南方的雨说来就来，只好不紧不慢地走到附近一家叫作"十八子泡菜"的小店躲雨。

我是非常讨厌下雨的，被雨水洗刷出的并非单是一座明亮的城市，还有世人无处遁形的胆怯和欲说还休的辛苦。过往，当人们问我为什么去北京，我总说，为了躲雨。

走路甩起的泥水会把裤腿染黑，呼啸而过的车辆会溅湿鞋背，一不留神踩进水坑的话，袜子还会湿答答地黏在脚趾上。这一切都会令人沮丧。不再神气活现之后，全世界都变成我的敌人。若是需要坐公交车，它定会晚点。这种迟到总会让我感到自己正遭受某种背叛，气恼又难过。

泡菜店人满为患，多是正在附近念书刚下课的学生。上学时，我也常和三五好友成群结队，背着父母偷偷来。好几次，一整个周六下午就在这里消磨殆尽。

泡菜很爽口，配方据说是从湘西凤凰传过来的，广告宣传语里讲，腌泡菜的水是矿泉水。父母自是不信，反复念叨着"不用生水就不错了，吃多早晚得拉肚子"。

人大了老爱往外跑，每年都想着这一口。不知道从哪年开始，回家的年夜饭上，都会多出这一小碗泡菜来。

原本想买一袋回去念念旧，看看排长队的小情侣，再看看音像店隔壁门口堆积如山的杂志，想了想，还是折去了书店。

店门口码起来的杂志还是我上学时看的那几种，只是如今都在打折。进门时，老板娘正和店里的人抱怨："如今网上买书动不动就三五折，都没人来店里咯！"看我进门，她只是淡淡地瞅了一眼，估摸我早过了读少女杂志的年纪，不招呼我，便低头径自忙活去了。

我看到角落里竖起的告示牌，才得知音像店和书店都要被拆了。不久之后，这里会是一座崭新的电玩城。

现在唱片和实体书大概真的没什么销路了。喜欢谁的歌，去音乐播放软件上下载一个数字专辑即可；想读书了，去网上能找到免费的电子书读，还能买使用起来更便捷的阅读器。不由联想到自身，工作后，我淘来的唱片也只是孤零零地被摆放在书架上作为装饰品。新书多到读不完，有很多甚至连塑封都没拆过。

数字时代，人们做很多事都丧失了仪式感。

站在店门口静静地等,不久前刚打过电话,但送伞的人迟迟未来。

溜达到路对面的大桥,大桥下是公园。小雨中,一块崭新的大屏幕竖立在公园内的广场中央,街道两旁一排排商铺正在招租。

广场上空无一人。屏幕里正播放着汪峰旗下某平台的一期节目,第一个画面里闪过这样一排字幕:"每架飞机的起航都带着一个使命,那些没有归航的,在某处用另外一种方式完成着它。我们习惯了忘却,好像它们已不再是这个世界的一部分。"

5

远处车灯的双闪亮起来,父亲将车窗开出一小条缝隙,伸出一只手冲我挥舞。他缓缓地朝着我的方向开来,我也冲着他那边走去。车载 CD 里,放的是《醉乡民谣》里的那首 *Five Hundred Miles*。

"这次准备在家待几天?"

每次回家,这都是一道必经的关卡。而我也照例只能以静默回应。

读苏方的《异乡记》,心有戚戚。"所有的远方,都没有好心肠。它们什么不说,光么么远着,就把人赢去了。本来我那么喜欢三月，整个儿的三月。风一天天变软，像从姑娘嘴里吹出来的。白日一天天拔长，把一冬里攒下的阴郁挤走。三月要发生什么都不惊讶，人人眼里有希望。可是离人轻轻一抬腿，就牵开身后这城市四面八方的闸，土崩瓦解，大水屠城。"

一百里，又一百里，再回不去，背井离乡，不见归期。

第一次离家前，有人曾问我，即将离开家乡是一种什么样的感觉？

这就好比上天最初给了你一本书，你充满仪式感地翻过最喜欢的那页。但那页并非就此错过了，它还会一直停留在那里。

世间本就没有所谓的永恒之物，只要这些看起来无穷无尽但事实上稍纵即逝的日夜没有白白来过，就足够了。

感谢音乐。感谢赵雷的《家乡》、罗大佑的《鹿港小镇》、李剑青的《在家乡》、痛仰乐队的《安阳》、低苦艾乐队的《兰州兰州》……东奔西跑，故乡被抛在身后，它们陪我上路，让我无论走多远，一开口，就喊得出家乡的名字。

我的思念是久治不愈的顽疾，我的乡音如母亲给的胎记。

我们的时光

2015年,我旅居厦门,住在中山路的一间民宿里。民宿出门左拐是电影院,右拐至街角是卖酸笋面的小摊,再往前穿过几条巷子就是百吃不腻的局口拌面,一份拌面搭配一碗海鲜汤,一整个白日的疲倦一扫而光。碰上旺季,就要早早地去排队。

和毛毛就是在厦门认识的。周末,两人会相约下馆子。常去的店有两家:一家是烤肉店,一家是烤鱼店。烤肉店的墙壁上,贴着赵雷和几个朋友的合影,约莫是来这儿旅行时曾光顾过这家店。

离开厦门后,和毛毛始终保持着联络。有一年生日,她来北京看我,我因工作要去拜访《卧虎藏龙》的美术设计叶锦添老师,她随我一同前往。傍晚,城市忽然下起滂沱大雨,她站在工作室门外等我。

夜里八点,我结束工作走出去时,大雨已将她的衣衫浇透,她静静地站在马路这端,望着对面街边的原木色石凳,眼睛一眨不眨。

我走到近旁问她:"你在做什么?怎么也不知道躲雨?"她沉默半晌,用一段口哨回应我,是《永隔一江水》的曲子。

以前,某次雨后,我们去逛中山公园,我拍下一对老夫妻分坐石凳两端的照片,中间是下过雨后形成的小水洼。我轻轻哼起来"我和你是河两岸,永隔一江水"。

毛毛说:"我来北京前两天,路过那个公园,又仔细看了看那个凳子,发现印象很深刻的石凳换成了木凳。我还想告诉你,我们常常一起逛的'不在书店',已经闭店了。"

回程时堵车,毛毛利用这间隙做了不少事,诸如买花、买菜、订蛋糕,还给我添了一把新菜刀。

一进家门,她就猫进厨房。没多大会儿,就鼓捣出满满一大桌热气腾腾的菜。

在我家三天,毛毛天天下厨,把我喂得饱饱的。她说,我们爱一个人,就是要成为她胃里的烟火气息,每天给她做饭吃,就像我们自己的父母,重复了很多年。

"小时候我总是好奇妈妈为什么能在寒冷的冬天早晨爬起来做饭。长大了才明白,那是一种爱的表达。那些看起来那么无足轻重的日常,沉默,反复,不张扬,就这样填满了我们生活的每个缝隙。不言不语,不可或缺。"

离开前一天,毛毛问我要带她去哪里玩?我说:"还要赶稿子,看来这回只能带你逛小区了。"本是一句玩笑话,谁知她立马兴高采烈地从沙发上跳起来换衣服。

"好的哇!那我们这就出发?"

临走前,毛毛将我的冰箱塞满水果,想起住在厦门时,南方好吃的水果多,应季时节倒也便宜。她每次来,必定会拎上一大袋子。草莓、莲雾、牛油果、波罗蜜、杧果、阳桃……早就数不清,同她在一块儿的日子,究竟吃过多少水果。

那时住的地方不过几平方米,除去一张榻榻米跟一张桌子,再没空间放别的东西,地面一年四季也很潮湿。有时,毛毛从兼职的咖啡馆顺上一两枝向日葵过来,随意拿个矿泉水瓶子插上,往我的写字台上一摆:"看,这不就有太阳了嘛!"

我们不修边幅地坐在榻榻米上,吃饭、喝酒,看上去拼拼凑凑的一张床,拼拼凑凑的一间房,拼拼凑凑的一张矮桌,拼拼凑凑的两个女人,拼拼凑凑的一类生活。那时两人都暗含一种劲头:往后要打拼到一种绝不凑合的人生。

去年已是来京第七年,收到毛毛邮来的波罗蜜,黄褐色,沉沉一只,果实表面有瘤状凸体和粗毛。这是我最喜欢的水果,也是世界上最沉的水果,每只一般重达五到二十千克,最沉的超过了五十九千克。她寄来的这只也不例外,我耗费不少工夫儿才成功地将它从快递柜中取出并扛进家门。我看着被我甩在地板上滚来滚去的波罗蜜,定住它,扒开它,里边黄色的果实露出来,一瓣一瓣的,紧挨在一起,热乎乎的,整个看上去,像一团滚烫的小心脏。

爱人同志

与祁湘去 Live House 看新裤子乐队演出,散场后已是夜里 11 点,两人紧赶慢赶去挤末班地铁,一人分一只耳机,随 *After Party* 的节奏奔跑:"It's too late,it's too late,我已赶不上地铁;It's time home,it's time home,我不想回家睡觉。"

曲子太欢快,两人一路蹦蹦跶跶,在地铁车厢内舞动起来——音乐从《你要跳舞吗》切到《别再问我什么是迪斯科》。祁湘在意旁人,一边打量周围人眼光一边束手束脚地摆动身体,自是跳得不够痛快。

出站回家，进小区，继续蹦跶。我拽着他往前冲，没跑几步路，他就上气不接下气地告诉我得缓一缓。

我兴奋地高举双手大声宣布："家庭 Disco 大赛！Round1！我赢咯！"

1

与祁湘约会，有 60% 的时日是泡在 Live House 里度过的。一场现场演出票价在八十块钱到一千二百八十块钱之间，每月，我们在这上头的花销近千元。听现场音乐最密集的时候，这笔花销甚至达到了几千元。

听音乐是神圣而又浪漫的事，选择同谁一起听音乐也很重要。既然一起吃饭的人叫饭搭子，一起听音乐的人理所应当就该叫"音乐搭子"了。如此说来，祁湘是个绝佳的音乐搭子。

我不太认路，方向感也差。每去到一家新的 Live House 或者剧院，祁湘都会提前查好路线、距离和往返时间，再整理成信息汇总发过来。有时，为了让我尽快熟悉周围的交通和路况，甚至会直接发来一张生动形象又立体的手绘地图。向左走，向右拐，只要看箭头指示，便一目了然。地理坐标上，就连最细小的胡同，他也不会放过。若是搭乘地铁，具体的地铁口也写得一清二楚。走出地铁口一抬头，便发现他早已站在那里等着。

祁湘心细。一场演出长达几小时，中途很少有休息时间，若是下班晚，他总会提前准备好热豆浆和面包，让我不至于饿着肚子享受音乐。偶尔因加班、堵车等原因迟到，祁湘会将票据留在检票口，为了不暴露个人隐私信息，他还会再写上一两句只有彼此才看得懂的暗号。

周末的晚上去看现场演出，祁湘的背包就是哆啦A梦的口袋，无论心中想什么，里头都应有尽有。我们俩第一次去听交响乐，需要穿越大半座城市，坐在公交车上小憩时，听到邻座传来一阵窸窣声，睁眼扭头一看，祁湘正小心翼翼地往外掏东西：樱桃、草莓、汽水、餐巾纸……我冲他摆摆手，表示不饿，他便再一样一样地塞回去。

这几年，Live House 和剧院是我们的"避难所"。每当心有不快、无处可逃时，就钻进人群里随着音乐起舞，大汗淋漓之后，我们心上的褶皱立刻被熨烫得平平整整。冬夜，如果演出结束后时间还早，也一定会散步去附近的酒肆喝上一杯烧酒暖胃。酒肆不过区区几平方米，桌子挨着桌子，人和人之间的距离前所未有地靠近。我和祁湘也像两只小松鼠，紧紧依偎在一起。

2

爱是什么？马尔克斯说，"爱情是一种违背天性的感情"，马丁·瓦尔泽把爱形容成"人的尴尬、不知所措和无能"，塞林格在《破碎故事之心》中表示"爱是想触碰却又收回手"。在我尚且不太明确爱究竟为何物时，我跟祁湘说，我要爱上一个正常人。祁湘听后感慨："听起来好难，什么是正常人？在这个你看我、我看你的社会里，所谓正常，不过就是表面上看起来与他人相似罢了，你要求的正常总归不会是这个吧？"

我一时之间答不上来。一日，看到一个反面例子：某高校教授性侵女学生，校方处理后，网友称"这应该是这类事情里处理最高效的了"。我立马将此发给祁湘。

"你看，这个盛赞就不太正常。做错事的人本来就该受到惩罚，无须夸赞。"

"因为整个（世道）不正常，那些偶尔看起来正常的，就会让大家觉得很珍贵，甚至到了讴歌的地步。我们不过是太习惯坏了，所以偶尔见到一点儿好，就感恩戴德的。我有时都觉得这跟斯德哥尔摩综合征本质上没太大差异。所以，你想要维持的正常就是守住那些本该存在的秩序，对吧？"

祁湘完全说出了我心中所想。在后来的日子里，我们不过是一次次在验证，当下的生活中，要做一个正常人是件多么困难的事。当周围大部分人已经逐渐适应不正常并开始附和不正常时，另一部分依旧渴望维持正常的人，就显得不合时宜，甚至可能被边缘化。

那一部分正常的人，要么还在挣扎着、抵抗着，即使要放弃许多光鲜亮丽的生存机会；要么则是物质条件丰实，为自己建造了一个坚硬的温室。

我和祁湘显然还是前者。祁湘坚持认为，我们需要先向自己证明，当一个正常人也可以活得很好，然后才有资格去要求一个正常的生存环境。

拗不过他，我决定陪他一起去证明点儿什么。

3

一日傍晚，坐地铁路过三里屯，刚一走进车厢，便留意到座位上有些泥土。当下的第一反应是掏出餐巾纸将泥土拂去，又俯身吹了吹，才安心坐下。

屁股刚着凳，这才留意到旁边坐的是一位建筑工人。工人约莫刚收工，凳子上的泥土，想必也是他留下来的。他见我坐下，身体局促地往旁边挪了挪。

两道目光对视，我的第一反应是羞愧，像在课堂上犯错被老师抓了个正着的小孩。当时我双颊发烫，只得迅速低下头去，躲避邻座的目光。

出地铁走回家，和祁湘念叨了一路此事。

"你为什么觉得自己做得不好？"

"这样显得很嫌弃他啊，我其实只是单纯觉得座位有些脏，我是无心的。"

"依我看，你擦凳子没伤害他，擦完凳子再看向他的那个歉疚的表情，才是真的伤害到他了。既然是无心的，就不要觉得这个举动是看不起他，或是伤害了他，有这种想法才是错的。

"大众传播渠道里，之所以有那么多人会看到，并且认为这个动作就是不尊重'他们'，并且宣扬他们的辛酸，跟背后的逻辑有很大的关系：太多人天生带着阶级优越感，认为建筑工人、农民是底层人民。这种逻辑才是对一个人的轻视。仔细想想，是不是这样呢？这是一个公共场合，就做一个正常人该做的事啊。正常人看到凳子脏了，自然是会擦一擦再坐上去，为什么要自动给弄脏他的人进行身份或是社会地位的划分呢？让他们感到局促的不是这个动作，而是背后的群体切割法。我们就是应当让他们感受到，无论是谁，在公共场合弄脏了设施，都会给他人带来困扰。即便今天是一个穿衬衣打领带的白领坐在你旁边，你也会这么做，是不是？"

我仔细回想起来，当时我在意的，或许也并不仅仅是对"他"的歉疚，还有别人的眼光吧。我害怕别人发现我的这种歉疚，认为我是一个轻视"底层劳动人民"的人。而拥有这种想法，本身就已经不正常了。

人活一世，态度还是应当坚定些，否则迟早会被外物所侵蚀和负累。

4

夏天夜晚，家里无端多出几只苍蝇来。那东西不咬人，却很恼人，整夜整夜的嗡嗡声，吵闹，叫醒着的人、睡着的人，都不得安生。

我睡眠极浅，任何一点儿响动，很快就能把我吵醒。睁眼时，发现祁湘正"鬼鬼祟祟"地踮着脚尖轻轻拉开卧室门，准备往外走。我疑惑地起床跟过去，看到他打开房子的大门，把紧紧贴合在一起的双手分开，苍蝇嗡了几声，便很快消失在楼道里。

他回过身来，我赶紧回到床上躺好，假寐。折返回卧室的祁湘半跪在床沿，继续低头闷声同苍蝇搏斗。就这么来来回回地折腾了好几趟，卧室里的几只苍蝇居然全被他抓光了。第二天午后，他得意扬扬地把我牵到门口，说要给我表演一项绝活。他松开手，一只黑黑的小东西飞出来，他神情里满是骄傲："这是最后一个在逃犯！"

我转头在网上下单一个苍蝇拍和几块粘蝇板。没有提起前一夜他为我抓苍蝇一事。我取笑他:"年纪已经不小了,为何总是这样幼稚?旁人看到是要笑话的。"

"怕什么?谁规定了大人就不可保有童心?俗话还总说老小老小呢!"

"那为什么不直接买个苍蝇拍?"嘣嘣嘣"的也很好玩。"

"那是要杀生的!不想杀生!而且你想想,若刚才藏在我手里的是只蝴蝶……"

祁湘憨憨笑着,凑过来,我竟也有些忍俊不禁。我常常在他身上看到一个男人爱一个女人最本真的状态,未经修饰,不加掩饰,有点儿粗粝,但是在四肢百骸摩挲久了,就会生出一股暖意来。

我有写手账的习惯。又一日,朋友来家中做客,看到书架上摆放得满满当当的胶带和素材纸,取笑我幼稚,说这小嗜好与我平素在社交场合的状态实在太违和。祁湘只讲:"美好的事物和习惯当然要被沿用下来啊!没有谁规定哪个年纪不能做哪件事,只要不是伤天害理,想做什么都是可以的。"

"正常人"就是会永远对世界保持一丝天真。这天真里带着一点儿较劲,带着一点儿笨拙。

5

隔壁新搬来一个男人。我们的房子是一栋1990年的老楼，空心墙，隔音效果极差。这是老房子最大的弊端。

一天半夜，祁湘沉沉睡去，隔壁男人打游戏的声音再度传来，我睁着眼睛望着天花板发呆，打算再次挨到天明。但是睡眠不好便会情绪差，我忍无可忍，最后只好敲敲墙壁以示警告。有些意外的是，隔壁男人的脾气似乎比往常还要暴躁。在三次敲墙提醒之后，我感到他拎起什么重物，朝着我们共同拥有的这堵墙狠狠地砸了一下。墙壁剧烈晃动了几下，又很快恢复平静。

响动太大，祁湘也被吵醒了，他睡眼惺忪地看到我直挺挺地坐起来，眉头紧皱。他一下子就明白了，抬起手臂用敲门的力道再度叩了叩墙壁。紧接着，对方骂骂咧咧的声音传过来，然后我们就听到了类似凳子脚砸墙的声音。这一夜，隔壁声音不间断，甚至有更嚣张的趋势，我们折腾到凌晨五点才缓缓睡去。

第二天傍晚，我在厨房择菜准备晚餐，祁湘突然告诉我，他要出门一趟。回来的时候，他告诉我，事情已经解决了。

"住隔壁的男人是做游戏直播的，我注意到他房间里有两个很大的显示器和一些耳麦。他总是在夜里工作，现在，他已经道歉了。"

"你怎么没叫我和你一起去？"

"你不露面比较好吧。你是女性。这样即使有纠纷，他也不知道你就是这家的住户，没什么安全隐患。"

祁湘本就身型瘦弱，看起来单薄，加之爱读书写字，实在斯斯文文，还带着几分书卷气，完全是零杀伤力。我还是感到后怕。

"你应该叫上我一起，虚张声势也好。"

"讲理的人一个就够，不讲理就算去一群人，也不顶用的。而且我没说这屋子里有女生，我只是说我朋友病了，昨晚在我家住，被折腾到早上才睡。并且我给他列举了扰民的相关条款，表示后续如果事态还是如此发展，我会直接报警！"

事情好歹算是被化解。幸亏这个人是禁得住"吓唬"的，摆事实、讲道理也还算有几分用。若还是昨晚那个状态，我简直不敢想象，祁湘是不是要受欺负了。

祁湘太体面。这是我常常为他担忧的一点。一些真实的生活经验告诉我，体面老实人的遭遇大多不算好：一个人礼貌、克制、共情，最后就是被践踏、凌辱、嘲笑、无视。

"你这样活了几十年，现在不也还算好？放心吧。而且你讲过，我们要一同验证，看看当一个正常人究竟是否能够明哲保身呐。"

祁湘还是很乐观。

6

世人都爱才子。李银河的王小波，三毛的荷西，林徽因的梁思成。活在文字里的神仙眷侣总是令人心生艳羡。我也爱才子，但我知道许多才子，到了现实中，则无一避免化身为徐志摩、顾城或是胡兰成。要求才思敏捷者是道德的践行者，这基本等同于一种天真至极的幻想。所以很长一段时间内，我抛弃了对精神伴侣的一切憧憬和想象。

忘了在哪篇文章里看到过，爱情不纯粹是一种如童话一般优美的状态，也不是年少里虚幻的梦境，它有时是一种人类生成转换的行为、一种状态：一个瞬间接一个瞬间，一天接一天，被意志、才智和心灵创造、修改的状态。既然要被创造和修改，那另一些东西就显得弥足珍贵，幽默风趣、不卑不亢、温润有礼、中正平和……

关于记者周轶君和她老公的爱情故事，流传过许多版本。其中一个版本说，周轶君工作期间坐飞机头等舱，遇到了坐在隔壁的老公，两人看同一部电影，她看到一半睡着了，于是醒来后询问隔壁座的人剧情进展，两人由此搭上话了。周轶君是在哪一刻确定眼前的这个人就是自己想要找的那个人的呢？她说了一个细节：当两人一起吃饭，她剩下一点儿，对方自然而然地夹起来吃掉的那一瞬。

我仔细凝望，也试图从我和祁湘过往生活的一些蛛丝马迹里寻找到我们相爱的证据，最终发现，惺惺相惜是很重要的事，精神上的某种共通，可以抵抗一切琐屑。

在岌岌可危的日子里，我是不愿意爱上一个人的。我们爱一个人，就是交给这个与我们对峙的世界一个人质，世界便从此得知了我的痛处，若它要以此对付我，我毫无办法。我抗拒这种无力感。可是仔细想想，我对这世界实在有太多戾气，如今，因为有人和我比肩而立，我感到没那么孤单，戾气被消磨了一些，倒也真是美事一桩。世界没那么好，我也没那么好，但是因为爱他，我看到了变好的可能，甚至对这个世界多了些许的宽容和期待。

"你像一句美丽的口号挥之不去。"大多数时候，我们既是爱人，也是同志。因为拥有了这么好的爱人同志，因此我们决定选择对世界息怒。

寂寞的游戏

2018年,我突然变得沉默。沉默的本质是不信任语言。那阵子,每当我越尝试与人进行深入沟通,就越会发现语言是一个充满歧义的东西。将家中的两只小猫托付给好友后,我给自己安排了一次长途旅行,从北京出发,途经西安、兰州、西宁,再来到拉萨。其间,我完成了两个大环线的自驾:一是西北大环线,二是阿里北大环线。出发前,怀抱着的是朴树在《空帆船》歌词里面写的那种心态:"金山银山,繁华云烟,温柔之夜,我什么也不带走。"

旅途让人感到每一天都是崭新的。我和陌生的旅伴一起欣赏日光下的七彩丹霞，去古格王朝探险，在珠峰脚下等待日照金山，从日落直到天黑。

当然也收获了很多浪漫与感动。戈壁滩上，篝火晚会，同伴是一对姐弟，姐姐跳舞时把手机弄丢了，眼看眼泪就要掉下来，弟弟告诉她："你不要哭好不好，我今晚就算不睡觉也会帮你找到。"手机最后并未找到。深夜，弟弟走出帐篷，独自蹲坐在沙堆上，月色下，我走近，才发现他在哭。

"我作为男人的承诺没有兑现啊。"

又一次，因天气变化需要在仁多乡停留一夜。傍晚，沿着狭长的公路往前走，看夕阳，看孩子们成群结队地在家门前追逐。从村头到村尾，不消一刻钟，便能走完。回来途经商铺，进去给当地的孩子们买零嘴儿，挨个儿发，直到回到住处。这期间，孩子们不抢不闹，很有秩序。虽然不懂藏语，但只要看着他们亮晶晶的眼睛，就能感受到一切——好奇，爱，感激。

阿里北大环线走完，我的内心仍不平静，辗转又回到拉萨，决定再在那里住几天。客栈三楼有家书店，坐在窗边望出去，就是布达拉宫。不喝酒的夜里，我掏出随身携带的那本《寂寞的游戏》继续读。翻开书那刻，我就意识到自己带对了书。在那个当下，没有人比我更熟知袁哲生小说的密码，我和他一样，渴望消失，也深谙躲藏的艺术。

《寂寞的游戏》，顾名思义，写的是人内心的寂寞。七个短篇小说中，我最喜欢的是倒数第二个《密封罐子》。住在深山中的夫妻二人过着一种与世隔绝的生活。一日,妻子提议玩一个小游戏:各自在纸条上写下一句想跟对方说的话,装进密封罐子里,埋入树下,直到二十年后,再挖出来看看对方写了什么。

小说中的妻子很快过世了。丈夫挖出那个密封罐子,只找到自己当年放进去的空白纸条。他幡然醒悟,妻子曾偷偷提前挖出过罐子,看到自己留下的空白纸条,便抽走了自己留下的话。如此一来,丈夫永远不可能知道妻子的内心了。

我想到《大佛普拉斯》中捡垃圾的肚财,他住在一艘飞船里,屋子里装满了洋娃娃。"虽然现在已经是太空时代了,人类可以搭乘太空船到达月球,但却没办法看穿每个人心里的宇宙。"

可以打开的是罐子,无法进入的是人的心灵。

旅途结束,合上书,腰封上赫然一行大字:我们不断地寻找自己,却始终成为一场寂寞的游戏。

后记   创作的"功利心"

《自在独行》出版了。距离《想把我唱给你听》上市,已过去整整四年。四年里,我有过搁笔的日子,却从未停止与音乐相伴。所以,《自在独行》依旧是一本与音乐有关的书。书里分享的,是音乐人的艺术人生,也是我与音乐的故事。

四年间,我完成了一部长篇小说、一本文学随笔,以及若干影视剧剧本。此外,我花了一些时间梳理过去四年发生在我身上的每一件大事小事,包括但不限于阅读过的书目、浏览过的片单、去过的每一个地方、拍下的每一张照片,甚至花费出去的每一笔开销。

可以说,我对自己过去四年的生活进行了一次彻头彻尾的盘点。

我一直在坚持写一本"五年日记",日记的形式大概就是把每一年同一天发生的事情简单记录一下。我通过解构我过去的生活,看看每年的同一天自己都在做些什么,得出一些很有意思的结论，也产生过很多奇思妙想。

我发现，这种记录对于打开自己的维度具有重要意义。

我同一位友人分享这个小习惯，她告诉我，在物质生活相对丰富的时代里，找到一种真正面向自己的书写，记录下一些有价值的个体经验，是一件有意义的事。也许，这些书写会在未来的某一天成为更多人生命体验的一个见证。

这四年的生活很难用顺遂去概括，更多时候，就像一块烙铁，只要稍微伸伸手，人就会被整个儿烫坏。

很长一段时间内，我很沉默。我的状态就像作家金宇澄所描述的那样："对文字（文学）秉持的深刻怀疑导致我很难再提笔写下一点儿什么。我觉得文字（文学）是非常欺骗人的，它有种种的禁忌，文学的，包括个人的。文字（文学）实际没有那么高大上，它只是记录了一个时代的某一种面让人知道，而一个人面对生活的信心，都要靠一个微小的个人，自己来承受。"

当生命被一种更巨大的痛苦和阴影笼罩时，文字（文学）让我产生一种深深的无力感。这既源于它无法记录下全部，甚至很难说透"方寸之间"，又源于它实在太过孱弱。它更像是一个弱者的呼救。在很长一段时间内,这呐喊是不为人知晓的，它面对的不过是四周一堵又一堵的高墙。

文字（文学）是不是无用？就在我对我所从事的职业持有某种怀疑的当下，我的朋友跟我说了一件小事。那年，她刚从香港浸会大学念完研究生来京。饭聚时，她同我提起学生时代最喜欢的老师林奕华。第一堂课上，林老师问他们："你是喜欢电影还是电影带来的东西呢？如果仅仅只是喜欢电影。那就去拍吧！"

这句话让我联想到自身。

爱写作的人和别人有什么不同？无非是热衷于造梦罢了。每完成一个作品，便又是造了一场梦。能那样长久地坚持造下去，是因为生活中并非时常有足够美好的事发生，或者说并非时常有足够分量的幸福，能让一个爱造梦的人掉头回到生活中。等他在虚构的世界中越走越远，便发觉那里承载着他最大的幸福。每每思及此，我便会一次比一次更深刻地感受到写作对我而言是多么好的一件事。身为写作者，一生可以拥有无数温柔清澈的梦。人会在写作中愈合，在写作中学会节制，也会在写作中找到新生。

回忆起与写作相关的一些深刻记忆，发现写作几乎承载了我全部的自尊心。从小到大，我都是一个三分钟热度的人，写作是我坚持最久的一件事。曾经，在一次新书宣传活动中，有一位同样热爱写作的读者问过我一个问题：出版一本纸质书，对写作者心态是否会产生影响？

沉默的那些时日，我勉强算找到一点儿答案。某一瞬间，我突然发现，面对写作这件事，我就如同做其他任何一件事那样，需要看到回报。摘得文学大奖，拿到丰厚的稿酬，畅销，努力让自己过上一种看上去体面光鲜的生活，获得尊重与价值的肯定。就好像只有如此，我日复一日忍受的枯燥与清贫，才没有被辜负。

我太想出名了。是的，我想成名，想成为一个名家。

这应该是存在于绝大部分创作者内心的一个心照不宣的欲望，它早已不是什么隐秘的角落。因为成名的确会带来许多肉眼可见的、实际的便利，其中以"在一种稳定的生活状态里持续自由地创作"最为抢眼。

回溯自身，我是从哪一刻开始产生这种转变的呢？大抵是我希望被无差别对待的某个瞬间。一次，我邀请一位作家前辈去异地的书店参加新书对谈活动，主办方告诉我，我的差旅费他们无法提供，但是那位前辈的可以。

当我敏感地注意到这个细节时，仿佛一瞬间扯落创作的遮羞布——创作并非恒久置身理想的温室，它也有外在附加的价值判断。当得到这个结论时，落差也便自然而然地产生了。我当时有一种在外人看来近乎荒诞、天真的慌乱感：这是否就是"文学的真相"？在这种慌乱感的笼罩下，体内的自卑与尊严瞬间无处遁形。

我对写作逐渐多出许多悲观的情绪，甚至迫不及待地想要与它为敌，尽管我从未真正了解过这个对手的全貌。

写作让一颗敏感、怯懦、害羞、无助，甚至是自卑的心被看见，功利心便接踵而至——这颗渺小的心忍不住想要飞到更大的天地里去，这天地里有被闪光灯照耀的舞台，有雷鸣般经久不息的掌声，有不绝于耳的认同与附和，有人肯定这些文字的存在和价值，这种肯定甚至本身就同肯定我本人画上了等号。

我曾一度把这个小小的插曲当作我创作的动力。这导致我忽略了一些最本真的东西——我还年轻，写作不过是在释放贪婪。这种贪婪，指的是我对生活的贪婪。像海绵吸水那般，我正用我那尚且年轻的身躯，让生活中的一切将我注射得非常饱满。写作是一种自然而然的流淌与释放，说分享也好，宣泄也罢，总之，我不过是在尽力释放个体经验。而这种释放本身又是一种吸收。循环往复，乐此不疲。

我自己的内心终于抵达了某种平衡——如果真实的生活是龙，文字便是我用来屠龙的一把刀，在与龙对峙的长久岁月里，我必须不断淬炼、精进我的技巧。这场战斗也许永无赢家，但我必须选择相信一点什么。我要忠于我的龙。

现在，回过头来，试着转换一下林奕华老师的话——我是热爱写作，还是写作所带来的东西呢？如果仅仅是热爱写作，那便洋洋洒洒地写下去就好了呀。写作也不会再在一地鸡毛的现实生活中不断考问我，它究竟是否有价值了。正如诗人阿多尼斯所言："我从事写作，但从不对它寄予希望。超越希望的写作，也就超越了绝望。"

正是怀抱着这样的心情，我得以坚持写完《自在独行》。

这篇后记并未分享音乐，它所向你们呈现的是在书和书的出版间隙，一位写作者对于文字（文学）的所思所想。或许，在某种程度上也折射出我的变化和成长。

生活中依旧有许多令人感到无能为力的事发生。我只好硬着头皮继续走下去。长路漫漫，我虽对现状感到悲观，对未来却始终秉持着一种乐观的心态，只希望自己不要停止创作，这才是对当下（时代）最好的回击。

2023 年 1 月 22 日，北京

有 态 度 的 阅 读

微　博	小马BOOK	抖音	小马文化	全案营销	小马青橙工作室
公众号	小马文艺	淘宝	小马过河图书自营店	投稿邮箱	xiaomatougao@163.com
小红书	小马book	微店	小马过河图书自营店		

图书在版编目（CIP）数据

自在独行 / 王秋璎著 . -- 北京：华龄出版社，
2023.8
　　ISBN 978-7-5169-2574-4

　　I.①自… II.①王… III.①音乐家 – 访问记 – 中国
– 现代 IV.① K825.76

中国国家版本馆 CIP 数据核字（2023）第 130727 号

自在独行

作　　者	王秋璎
责任编辑	梁玉刚
责任印制	李未圻
出版策划	冀　晖
内文制作	许萍萍

出版 发行	华龄出版社 HUALING PRESS
地址	北京市东城区安定门外大街甲 57 号
邮编	100011
发行	010-58122255
传真	010-84049572
承印	定州启航印刷有限公司
版次	2023 年 9 月第 1 版
印次	2023 年 9 月第 1 次印刷
规格	800mm×1230mm
开本	1/32
印张	9.5
字数	180 千字
书号	ISBN 978-7-5169-2574-4
定价	58.00 元

版权所有，侵权必究
本书如有破损、缺页、装订错误，请与本社联系调换